文通天下

突 破 认 知 的 边 界

儒商商道

以柔克刚的
东方经营智慧

车车 著

光明日报出版社

图书在版编目（CIP）数据

儒商商道：以柔克刚的东方经营智慧 / 车车著.

北京：光明日报出版社，2025.3. -- ISBN 978-7-5194-8492-7

Ⅰ.F713

中国国家版本馆CIP数据核字第20252L1E10号

儒商商道：以柔克刚的东方经营智慧
RUSHANG SHANG DAO: YIROU-KEGANG DE DONGFANG JINGYING ZHIHUI

著　　者：车　车			
责任编辑：谢　香		责任校对：徐　蔚	
特约编辑：闫雯晰		责任印制：曹　净	
封面设计：于沧海			

出版发行：光明日报出版社

地　　址：北京市西城区永安路 106 号，100050

电　　话：010-63169890（咨询），010-63131930（邮购）

传　　真：010-63131930

网　　址：http://book.gmw.cn

E‐mail：gmrbcbs@gmw.cn

法律顾问：北京市兰台律师事务所龚柳方律师

印　　刷：天津鑫旭阳印刷有限公司

装　　订：天津鑫旭阳印刷有限公司

本书如有破损、缺页、装订错误，请与本社联系调换，电话：010-63131930

开　　本：170mm×240mm		印　张：13
字　　数：160 千字		
版　　次：2025 年 3 月第 1 版		
印　　次：2025 年 3 月第 1 次印刷		
书　　号：ISBN 978-7-5194-8492-7		
定　　价：58.00 元		

版权所有　翻印必究

目 录

第一章　古代市井布局与地摊选址

第二章　选品与定价：洞察消费者需求

第三章 传统商道中的 顾客服务

第四章 传统商道中的 经营法则

第五章

传统商道中的
传播智慧

第六章

传统风俗
与节日营销

第七章

传统商贾精神的现代启示

古代市井布局与地摊选址

从古代的市集到现代街头的流动商贩，地摊经济以其独特的灵活性和亲民度，贯穿了商业发展的始终，成为社会经济活动中一个不可忽视的组成部分。

地摊的前世今生

● ● ●

地摊经济，这一古老而充满活力的商业模式，自古以来就在各个文明的商业活动中扮演着重要角色。从古代的市集到现代街头的流动商贩，地摊经济以其独特的灵活性和亲民度，贯穿了商业发展的始终，成为社会经济活动中一个不可忽视的组成部分。

在中国古代，尤其是宋代，地摊经济发展到了鼎盛。这一时期，随着城市化进程的加快和市场经济的兴起，城中的地摊得到了迅猛发展，这不仅促进了商品的流通，也丰富了百姓的日常生活。

宋代的草市是市民日常生活的重要场所，不仅局限于乡村的定期集市，也在城市的边缘地带蓬勃发展。这里商贩云集，商品琳琅满目，从新鲜的农产品到精致的手工艺品，从实用的陶瓷到诱人的小吃，可谓应有尽有。

宋代的草市，无论是在城市还是乡村，都是当时社会经济活动的重要组成部分，反映了宋代社会的繁荣与活力，而《清明上河图》则

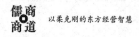

是这幅场景的完美再现。这幅由张择端创作的杰作，细腻地描绘了北宋城市经济的热闹场景。

在画中，我们可以看到草市沿着汴河两岸蜿蜒展开，摊位密密麻麻，各式各样的旗帜和遮阳棚构成了一道独特的风景线。商贩们忙碌地叫卖着，他们的声音此起彼伏，汇成一首生动的市井交响曲。顾客们穿梭在摊位间，或精心挑选着新鲜的蔬菜和水果，或驻足观赏那些精美的陶瓷器皿和绚丽的丝绸。

《清明上河图》中对细节的描绘极其引人注目。在一处卖鱼的摊位前，几位顾客围在一起，正热烈地讨论着，你一言我一语，似乎在争论那些鱼儿的新鲜程度。不远处，一位老者正与商贩讨价还价，想来应该是想用最低的价格买下一把精致的扇子。而在画面的另一端，几个孩子在父母的陪伴下，好奇地观察着各种玩偶和小吃，他们的欢声笑语为草市增添了一份生机与活力。

商贩们的形象各异，他们的服饰、表情和动作无不透露出当时社会的生活气息。顾客们的身份也各不相同，从富商巨贾到平民百姓，从文人墨客到行脚僧侣……他们都在这个小小的市场中找到了自己的位置。

这幅画让我们窥见宋代草市的繁华，感受到那个时代人们的生活节奏和社会风貌，也让我们对宋代的地摊经济有了更加直观和深刻的理解。

《东京梦华录》《梦粱录》等文献中，也记载了北宋都城汴京（今河南开封）和南宋都城临安（今浙江杭州）等城市的繁华图景。如《东京梦华录》中所述："出朱雀门，东壁亦人家。东去大街麦秸巷，状元楼余皆妓馆，至保康门街。"这些生动的描述，让我们得以窥见北宋都市生活的一角。

宋代地摊经济的兴盛，不仅促进了商品的广泛流通，更成为社会文化多样性的展示窗口。商贩们在草市中灵活经营，他们的策略随着季节变化和市场需求的波动而调整，体现了地摊经济对时代变化的敏感性和适应力。这种经济形态的活跃，不仅丰富了市民的物质生活，也促进了文化交流与融合，成为连接不同社会阶层、传递多元文化价值的重要纽带，是宋代社会文化活力的一个缩影。

不过，宋代草市的作用远超过单纯的商品交易，它还是社会文化交流的重要场所。商贩们凭借勤劳与智慧，为百姓带来了丰富的商品选择，同时也为城市的文化生活贡献了自己的力量。他们的故事不仅被载入历史文献，更在民间口耳相传，成为人们共同的记忆。这些生动的商业实践不仅促进了经济的繁荣，也增添了城市的文化魅力，让宋代的地摊经济成为历史长河中一道独特的风景线。

在现代社会，地摊经济依然具有独特的价值和意义。它不仅为特定群体提供了谋生的手段，也为城市生活增添了一抹生活气息。随着社会的发展和经济的变迁，地摊经济也在不断地适应和演变，但其核心价值——灵活性、亲民性和社区性始终未变。

通过对宋代草市的回顾，我们可以看到地摊经济的前世今生，理解其在不同历史时期的发展和变化。这种经济形式不仅见证了商业的演变，也反映了社会的变迁。今天，我们仍然可以从地摊经济的历史中汲取经验和智慧，探索适合当代社会的经营模式和发展路径。

如今，当我们走在现代城市的街头，依然可以看到地摊的身影。无论是售卖新鲜蔬果的小贩，还是提供便捷服务的街头摊点，它们都是传统地摊经济的一种延续。它们的存在，不仅为城市带来了便利，也为人们的生活增添了色彩。

地摊经济的发展历程向我们昭示了：那些紧密联系民众生活、切实满足日常需求的经济模式，总能在历史的洪流中展现出惊人的韧性与活力。它激励我们不断探索创新，以敏锐的市场洞察力和灵活的应变策略，引领消费趋势，满足人们多样化的需求，共同营造一个充满活力与和谐的社会环境。

展望未来，地摊经济有望以更加多元和创新的姿态，继续在城市经济中占据一席之地。无论是传统商品的现场销售，还是文化体验与现代科技的融合，地摊经济的核心价值——灵活性、亲民性和服务性始终不变。它将继续以其独特的方式，为城市生活增添色彩，为经济发展注入活力，成为连接传统与现代、需求与供给的重要桥梁。

地摊的选址策略

● ● ●

在古代繁华的都市中心，地摊商贩们如同城市的血液，渗透到日常生活的每个缝隙。他们精心挑选摊位，理想的地摊位置宛如一张航海图，引领他们在浩瀚的商业海洋中航行，发现通向繁荣的路径。

案例故事一：茶馆旁的丝绸摊

在北宋的汴京城，有一条繁华的街道，两旁店铺林立，行人络绎不绝。在这条街道的一隅，坐落着一家名叫"翠竹轩"的茶馆，它以雅致的环境和香醇的茶水闻名于城中。而在茶馆的旁边，便是赵四的丝绸摊。

赵四，一个来自江南的商人，他的丝绸摊以独特的地理位置和精准的市场定位而备受瞩目。茶馆是文人雅士、商旅过客休憩交流的场所，他们在品茗之余，往往愿意闲逛一番，寻找一些精美的物品作为旅行的纪念或作送礼之用。因此，赵四选择在茶馆旁设立摊位，正是看中了这一潜在的商机。

赵四的丝绸摊并不大，却布置得十分精致。摊位上陈列着各式各样的丝绸，从轻柔的纱绸到华美的织锦，每一件都是他亲自从江南精心挑选而来。他不仅注重丝绸的质量，更注重其设计与色彩的搭配，以满足不同顾客的审美需求。

每当茶馆中的文人雅士走出门外，往往会被赵四摊位上的丝绸所吸引。他们驻足观赏，赞叹不已，不时有人掏钱购买，或是作为礼物赠送亲友，或是作为收藏。赵四总是耐心地为顾客介绍每一种丝绸的特点，讲述它们背后的故事，无形中让每一次交易都充满了文化的气息和人情的温暖。

随着时间的推移，赵四的丝绸摊在汴京城中声名鹊起。他的丝绸不仅受到了文人雅士的青睐，甚至连皇宫中的妃嫔也派人前来选购。赵四的生意越做越大，他的摊位竟成为汴京城中的一个知名景点，吸引了越来越多的顾客。

他没有选择在市集中心与众多商贩竞争，而是巧妙地利用了茶馆这一特殊的地理位置，吸引了特定的顾客群体。精准的市场定位和高品质的商品，不仅为他带来了丰厚的收益，更为他赢得了良好的声誉。

案例故事二：书院边的文具摊

清末民初，在苏州城里，一条繁忙的街道旁，有一条安静的小巷，这里远离市集的喧嚣，却因为靠近一所书院而显得与众不同。在这条小巷里，李慧经营着她的文具摊，一个简单而朴素的摊位，却因为她精明的选址策略而生意兴隆。

李慧是个普通的苏州女子，她没有显赫的家世，也没有过高的文化修养，但她有着敏锐的商业头脑和对市场的深刻洞察。她知道，书院的学子们需要文具，而市集中心的摊位租金昂贵且竞争激烈，于是她选择了在书院附近的这条小巷里摆摊。

这个位置的选择，既考虑到了成本，又考虑到了顾客的需求。书院的学子们经常需要购买或更换文具，而他们往往不愿意走得太远。李慧的摊位恰好满足了这一需求，她提供的文具虽然简单，但质量可靠，价格公道，很快就受到了学子们的欢迎。

李慧还注意到了书院的学子们对文化氛围的追求。因此，她在摊位上摆放了一些古籍和字画，甚至还自学了一些书法和绘画的基础知识，时不时与学子们交流心得。这些举措让她的摊位不仅是一个买卖文具的地方，更成为一个文化小角落，吸引了更多的顾客。

时间一天天过去，李慧的文具摊在书院师生中建立了良好的口碑，也让她在激烈的市场竞争中找到了自己的一席之地。

李慧巧妙地利用了书院附近的地理位置，为特定的顾客群体提供了他们所需的商品和服务。她的成功在于她对市场的精准把握和对顾客需求的深刻理解，而这为她的文具摊带来了持续的客流和稳定的收入。

案例故事三：城门口的小吃摊

在唐代的长安城，城门口总是熙熙攘攘，人流如织。这里是进出城市的必经之路，商旅、行人、马队络绎不绝。一个精瘦的中年汉子王大，凭借他敏锐的商业嗅觉，在这里摆上了小吃摊。

王大的小吃摊并不大，却因精心挑选了"好位置"而备受欢迎。他悟到了一个门道，无论是远道而来的商旅还是辛勤劳作的工人，他们在进出城门时都希望能先吃上一口热乎的东西。他小吃摊的东西既实惠又方便，每天都有热气腾腾的肉包、香脆可口的炸饼，绝对是很好的选择。

每天清晨，当第一缕阳光照在长安城的城墙上时，王大已经开始了他一天的忙碌。他还请了一个伙计，一起准备一天的食材。当城门一开，第一批出城的商旅和行人就会到他的小吃摊吃点东西，再继续他们的旅程。

他的小吃不仅味道好，而且价格也便宜，服务更是没话说。他总是笑脸迎人，对顾客的需求了如指掌。就这样，他的小吃摊成为城门口的一个标志，无论是常客还是新客，都愿意来这里。

王大的成功并非偶然，而是在于他对人流量的精准把握。他没有选择在市集中心与人竞争，而是找到了一个需求稳定且竞争相对较小的地方。他的小吃摊不仅为过往的行人提供了方便，也为自己带来了稳定的收入。

地摊选址的成功不仅在于找到一个人流量大的地方，更在于找到一个能够满足特定需求的地点。

案例故事四：节日市场的临时摊

清朝末期，在北京城的热闹角落里，张三的节日摊位总是能吸引众多目光。他没有固定的店面，但他对节日市场的洞察和选址策略，总能让他在众多商贩中脱颖而出。

春节时，张三会在百姓住所附近的空地摆上他的临时摊位。这里人流不断，家家户户都忙着采购年货。他的摊位上，红灯笼高挂，彩旗飘扬，还有他自己绘制的吉祥年画，无不透露出浓浓的节日气氛。张三不仅卖商品，还做起了小活动，让孩子们猜灯谜，答对了就能得到一个陶响球，孩子们乐开了花。

中秋时节，张三又把摊位搬到繁华的街道上，他的摊位上摆满了各种口味的月饼，还有自家酿的桂花酒。张三还准备了特别的节目，他会请个会说故事的老先生，讲关于中秋的故事。大家一边吃着月饼，一边围着老先生听他讲那些有趣的传说。

这样大家都愿意来这里坐坐，哪怕是不买东西，也想来听听故事，感受一下节日的气氛。张三就是这么聪明，他知道让大家开心，生意自然就好。所以他的摊位总是特别热闹，大家都爱来凑个热闹，享受一下节日的乐趣。张三的摊位之所以受欢迎，不仅是因为他懂得如何选址，更是因为他懂得如何营造节日的氛围，为顾客创造一个愉快的购物体验。

这些生动的案例恰恰说明了地摊选址策略的重要性。无论是赵四的丝绸摊、李慧的文具摊、王大的小吃摊，还是张三的节日市场临时摊，他们的成功都离不开精准的选址。地摊选址不仅要考虑人流量，还要考虑目标顾客群体、商品特性、租金成本和市场竞争等多种因素。

　　成功的地摊选址策略对于经营者而言至关重要，它能够帮助他们在激烈的市场竞争中突出重围，吸引客流，从而提升销售业绩。如前文所述，精准的选址不仅是经营者们成功的关键，也是他们在商业竞争中的制胜法宝。古代都市中的繁华街市，地摊经营者们运用选址的策略与智慧，至今仍是人们津津乐道的话题。

市集的空间布局

●●●

在古代丝绸之路沿线，市集不仅是贸易的中心，更是文化交流的枢纽。在这里，络绎不绝的商队带来了语言和文化的多元融合，共同绘制出一派繁荣昌盛的图景。市集的空间布局巧妙，既反映了其作为交易场所的功能，也映射出文化交流的活跃，成为那个时代繁荣盛况的生动写照。

首先，市集的位置布局通常极为讲究，往往位于交通要道，如沙漠中的绿洲、河流旁的渡口，或是城池的城门口。这样的位置不仅便于商队的停靠和货物的装卸，也方便四面八方的顾客前来交易。例如，在敦煌这样的丝路重镇，市集就设在了城外不远的地方，既便于商队的进出，又能吸引过往的旅客。

其次，市集内部的布局也同样需要精心规划，商贩们按照商品的种类划分摊位，形成了不同的交易区。丝绸、香料、珠宝、陶瓷等商品各有专属的区域，顾客可以根据自己的需求直接前往相应的区域。

这种分区的布局不仅提高了交易的效率，也使得市集显得更加有序。

再次，市集的中心地带往往是最热闹的地方，这里设有广场，不仅是交易的集中地，也是文化交流的场所。这里常常有商队带来的异国歌舞、杂技等表演活动，吸引了众多市民和旅客驻足观看。这种布局不仅活跃了市集的气氛，也促进了文化的交流与传播。

最后，市集的入口处常常装饰有标志性的建筑，如拱门、塔楼等，它们不仅是市集的象征，也起到了引导顾客流动的作用。这些建筑的设计往往融合了当地的文化特色，成为丝绸之路上一道独特的风景线。市集的茶馆、小吃摊等也为人们提供了一个放松的空间，商贩和顾客可以在这里歇息、交流。而且还设有休息区，这进一步增加了顾客在市集的停留时间。

古代商人们在丝绸之路的市集上巧妙布局，创造了一个既充满活力又井然有序的商业环境。他们对市集的精心规划和设计，不仅体现了对商业运作的深刻理解，也展现了对文化多样性的尊重和包容。

古代丝绸之路的市集布局，是历史留给我们的一份珍贵遗产。它告诉我们，商业和文化可以和谐共存，相互促进。在今天这个快速变化的世界中，我们仍然可以从这些古老的智慧中汲取灵感，创造出既具有商业价值又充满文化魅力的现代地摊空间。

时光荏苒，古代市集演化成现代街市，古时智慧并未湮灭，而是在当代街市中焕发新颜，融入了我们的生活。这些古老的商业策略和文化精髓，不仅延续了市集的交易功能，更在现代社会中以创新的方式呈现，成为文化传承与创新的桥梁。

在现代的街市中，我们可以看到古代市集的影子，就像古代商队精心选择的绿洲和渡口，现代街市也选择了人流量大、交通便利的地段，以便吸引更多的顾客。这些街市往往位于城市的心脏地带，或是交通枢纽的周边，它们成为城市繁华的象征，吸引着来自四面八方的人流。

在现代街市中，你会发现电子产品区、服装区、食品区等各具特色的区域，分区布局不仅提高了购物的效率，也让顾客的体验更加丰富和愉悦。这种分区布局仿佛是古代市集的丝绸区和香料区等的现代翻版，商品被精心分类，顾客可以轻松找到自己需要的物品。

还有各种文化活动、艺术展览和国际美食节等，让顾客在购物的同时，也能体验到不同文化的风情。这些活动不仅丰富了街市的文化内涵，也成为城市文化生活的一部分，吸引着众多市民和游客的参与。

现代街市入口的设计也独具特色，标志性的建筑延续了古代市集的拱门和塔楼的设计。这些建筑不仅具有实用功能，还能够引导顾客的流动，更是城市文化的展示窗口，它们以独特的风格和设计，讲述着每座城市的故事。

在现代街市，我们也经常会看见咖啡厅、餐饮区和公共座椅等设施，为顾客提供了一个舒适的休息环境，让他们在忙碌的购物之余，也能享受片刻的宁静。而到了节日，比如春节、国庆节、中秋节的等大型节日，还会有庙会、灯会等活动，这些活动不仅增添了节日的气氛，还提供人们社交和娱乐的机会。

古代丝绸之路上的市集布局智慧，如同一条丝线，紧密地将历史的辉煌与现代的繁荣相连。现代街市作为商业与文化的活跃交汇点，不仅继承了古代市集的精神，更在其基础上进行了创新与发展。在这里，购物体验超越了交易本身，成为一种文化的探索和历史的交流，让顾客在每一次的互动中，都能感受到历史的碰撞和文化的丰富。

市井的布局智慧

● ● ■

　　古代市井是指商肆集中的地方，包含繁华的街市和市场。市井是城市生活的缩影，是商业和文化交汇的场所。市井的繁华不仅促进了商品的流通，也丰富了百姓的文化生活，成为社会经济活动的重要组成部分，反映了古代社会的繁荣与活力。

一、热闹的夜市

　　夜幕降临，市井灯火辉煌，人声鼎沸，形成了独特的夜市文化。这种夜间的繁华景象，不仅为古代城市增添了活力，更为市民的夜生活提供了丰富的选择。而在现代社会，这种市井的夜间繁华在地摊经济中得到了新的诠释和延续。

　　现代地摊夜市，作为城市夜生活的重要组成部分，继承了古代市井的热闹与活力。随着夜幕的降临，街道两旁的地摊逐渐亮起灯光，各种商品琳琅满目，小吃香气四溢，吸引了众多市民和游客前来游玩和消费。这些地摊不仅提供了便利的购物体验，也成为人们社交和娱乐的场所。

夜市的繁荣，不仅促进了夜间经济的发展，还带动了相关产业链的兴起。例如，地摊周边的餐饮业、娱乐业和交通业等都因夜市的活跃而受益。此外，夜市也成为城市文化的一个展示窗口，许多地摊经营者都会对商品进行独特的设计、装饰和展示，无形中展现当地独有的文化特色。

现代地摊夜市的布局和管理，也从古代市井中汲取了灵感。为了确保夜市的秩序和安全，管理者会对地摊进行合理的规划和分区，比如将食品摊位、服饰摊位和娱乐摊位分开设置，既方便了顾客的浏览和选择，也避免了不同类型摊位之间的干扰。

同时，现代地摊夜市还注重环保和可持续性，鼓励使用环保材料和清洁能源，减少对环境的影响。这种对环境保护的重视，是古代市井所不具备的，体现了现代社会对可持续发展理念的重视。

现代地摊夜市在继承古代市井夜间繁华的同时，也融入了现代元素和理念，形成了具有时代特色的城市夜生活文化。这种文化不仅丰富了市民的夜间生活，也为城市的经济发展和文化传承做出了积极贡献。

二、功能分区的智慧

古代市井不仅是商品交易的场所，也是社会交往和文化娱乐活动的中心，它的每一个角落都充满了生活的气息和商业的活力。商贩们根据商品的种类聚集在一起，自然而然形成了分区。这种自发形成的市场布局，不仅方便了顾客的购物，也促进了同类商品之间的竞争和交流。现代地摊经济在布局上也借鉴了这种智慧，通过有目的的区域划分，使得地摊区域更加有序。

在现代地摊经济中，我们可以看到食品区、服饰区、手工艺品区等明显的功能分区。这些区域的划分不仅使得顾客能够快速找到自己感兴趣的商品，也为商贩们提供了一个更加专业的销售环境。例如，食品区的商贩们可以相互学习，共同提升食品质量和服务水平；服饰区的商贩们则可以更好地展示自己的时尚品位和设计创意。

地摊区域的规划往往与周边环境和社区需求相结合，既满足了市民的购物与休闲需求，也考虑到了对周边居民生活的影响。例如，一些地摊区域会设置在离居民区较远的地方，或者采取隔音措施，减少噪声对居民的干扰。

现代地摊经济巧妙地借鉴了古代市井的功能分区特点，并在此基础上，融入了现代城市规划和管理的先进理念，形成了既传统又现代的独特商业模式。这种模式不仅提高了地摊经济的运营效率，也提升了市民的购物体验，为城市的繁荣和社区的和谐发展做出了贡献。

三、人流动线的规划

此外，现代地摊经济在布局时还考虑到了人流动线的设计。古代市井中的狭窄街道和曲折小巷虽然充满了韵味，但也容易引发拥堵和安全隐患。现代地摊区域则通过宽敞的通道和明确的指示标志，引导顾客顺畅流动，有效避免了拥堵现象，同时也为紧急情况下的疏散提供了便利。

在唐朝的长安城，有一个名叫赵明的小商贩，他每天都会在城中的一个繁忙坊区摆出地摊，出售各式各样的手工艺品。赵明的地摊总是能够吸引众多顾客的目光，因为他深知一个道理：在长安城这个巨大的棋盘上，每个人都是棋子，而地摊的位置就是他的棋步。

赵明的祖辈曾告诉他，长安城的规划是严格按照里坊制进行的，每个坊都是一个独立的单元，有自己的市集和街道。而坊与坊之间的大道，则是连接这些单元的纽带，引导着人们的流动。赵明根据这个原理，精心选择了一个靠近大道的摊位，这样每个穿过坊门的顾客都有机会看到他的商品。

赵明还在摊位附近种植了一些花草，放置了几个长凳，为顾客提供了一个休息的地方。这样，即使顾客不是特意来购买他的商品，也会因为这些小憩之处而停下脚步，从而增加了他的销售机会。

赵明对人流动线的精准把控，也为现代街市规划提供了重要的启示。主要体现在以下几个方面：

人流动线优化：古代市井的布局强调了街道的宽阔与直线，以引导人流动线，这一原则在现代商业街区的设计中得到了继承和发扬，通过合理的街道布局和导向标识，提高了顾客的购物体验和效率。

焦点区域创造：古代商贩通过设置吸引人流的亮点，如绿化、休息区等，这一策略在现代街市中被广泛采用，通过创造吸引人的公共空间和文化活动，增加了顾客的停留时间和参与度。

商业与文化融合：古代市井不仅是商品交易的场所，也是文化交流的平台。现代街市规划中，商业活动与文化元素的结合成为一种趋势，丰富了街市的内涵，提升了城市的文化品位。

环境舒适度提升：古代商贩对摊位环境的精心打造，为现代街市提供了在环境优化方面可借鉴的经验。现代街市通过提供绿化、良好的照明和清洁的卫生条件，营造了一个宜人的购物环境，提升了顾客的体验和街市的整体形象。

古代市井的规划智慧，为现代街市的繁荣贡献了丰富的经验，同时也为城市的可持续发展和文化传承开辟了新路径。这些规划策略不仅优化了商业活动的效率，还增强了社会文化的交流与融合。古代市井的布局艺术，其对人流动线、商品分类和交易区的精心设计，以及对文化活动空间的巧妙安排，都为现代城市规划提供了可借鉴的模式。它们证明了商业与文化可以相辅相成，共同促进城市的活力与和谐。

第二章

选品与定价：
洞察消费者需求

在古代商业交易中，商人们还遵循着一项基本原则——"质价相符"。这一原则强调商品的价格应当与其质量相匹配，即高质量的商品应当有相应的高价格，而低质量的商品则应有较低的定价。

选品要旨：洞察消费者需求

● ● ●

在商海浮沉中，精准地把握消费者需求是制胜的法宝。让我们透过范蠡的故事，学习如何以卓越的市场洞察力开拓商业新天地。

被后人尊称为"商圣"和"商家鼻祖"的范蠡，是春秋末期越国的大夫，他是中国历史上著名的政治家、军事家、谋略家和商人。他曾以卓越的智慧和谋略，辅佐越王勾践，使越国在与吴国的长期斗争中取得胜利。

范蠡出生于楚国宛（今河南南阳），出身贫寒，尽管才华横溢，但在当时楚国贵族专权的政治环境下，他没有机会参与政事。因此，范蠡与好友文种一同离开楚国，投奔越国，在越王勾践的麾下，他们的才华终于得到了充分的发挥。

在越王勾践被吴王夫差围困的艰难时刻，范蠡提出了委曲求全的策略，建议勾践先投降吴国，以保存实力。范蠡随勾践入吴为质，忍受屈辱，忠心不贰，并多次用计策救勾践脱离险境。在越国的复兴过程中，范蠡与文种一同拟定了兴越灭吴的九术，其中包括著名的美人计，他们找来美人西施，以此使吴王夫差沉迷酒色，放松警惕，为越国的最终胜利打下了基础。

越国灭吴之后，范蠡被封为上将军，但他深知盛名之下难以久居，并且他深刻地了解越王勾践的为人，意识到只可与之共患难，不可与之共富贵。因此，范蠡选择了功成身退，离开了越国。他先是来到齐国，被任命为相国，仅三年后，他就归还了相印，散尽家产，悄然离去。

后来，范蠡定居于陶地（今山东省境内），改名为陶朱公，开始了新的生活。但他并未满足于简单的农耕生活。他的目光敏锐，很快就发现了商机。陶地位于交通要道，商旅络绎不绝，各类货物需求旺盛。范蠡注意到，因为运输成本过高，导致市场上的竹器价格昂贵，而人们对竹器的需求量又很大。

他深入研究竹子的生长环境和特性，发现竹子不仅用途广泛，而且生长迅速，是一种理想的可再生资源。范蠡决定利用这一优势，与山区的竹农建立合作，直接从源头获取原材料，降低成本。

为了解决运输难题，范蠡创新性地设计了一种轻便的竹筏，可以在河流中高效地运输大量的竹子。这一创新不仅大幅降低了运输成本，还缩短了货物从产地到市场的时间。通过这种方式，范蠡的竹器生意迅速在市场上占据了一席之地。

范蠡的竹器生意蓬勃发展，引起了其他商贩的注意，竞争随之加剧。

为了保持竞争优势，范蠡决定深入挖掘商品的潜力，并寻找新的商机。他的经商逻辑始终围绕着市场需求和产品创新展开。

一次偶然的机会，范蠡在与当地农民的交流中得知，由于气候多变，粮食储存成为难题。传统的陶罐存储不仅笨重，而且容易破损，导致粮食浪费严重。范蠡意识到，如果能开发出一种轻便、耐用且易于储存的容器，将极大地解决农民的实际问题。

于是，范蠡着手研发新型的竹制容器。他首先组织工匠对竹子的材质进行了深入研究，发现竹子具有天然的防潮性和坚韧性，是制作容器的理想材料。接着，他与工匠们一起，经过多次试验，最终设计出了一种新型的竹篮。这种竹篮采用了特殊的编织工艺，不仅结实耐用，而且透气性好，非常适合储存粮食。

为了验证新型竹篮的实用性，范蠡在小范围内进行了市场测试。他将竹篮免费提供给一部分农民使用，并收集他们的反馈。结果证明，新型竹篮在防潮、防虫和便携性方面均优于传统陶罐，农民们对此赞不绝口。

确认了新型竹篮的市场潜力后，范蠡开始大规模生产，但是紧接着新的挑战来了。如何为新产品定价？价格的设定直接影响到竹篮的市场接受度和销售业绩，因此必须慎重行事。在深思熟虑之后，首先，范蠡对生产每个竹篮的成本进行了精确计算，包括竹子、工匠工资以及其他相关开销。其次，价格必须覆盖这些成本，同时还要考虑到市场上同类产品的价格水平，以确保自己的产品具有竞争力。

他知道，农民作为主要的消费群体，对于价格十分敏感。因此，他决定采用一种温和的渗透定价策略，将竹篮的价格定在一个略低于市场平均水平的位置，以便吸引顾客并迅速占领市场。

最后，范蠡根据市场的季节性需求变化，灵活调整定价。在粮食丰收的季节，他保持价格稳定，以满足农民对储存容器的迫切需求；而在需求相对较低的时期，他通过提供折扣和促销活动来刺激销量。新型竹篮很快就在市场上获得了认可，成为农民们的储粮首选，同时也为他带来了可观的收益。

范蠡还注重与顾客建立长期的合作关系。他推出了一系列优惠举措，如回购旧竹制品、提供定期维护服务等，这些举措不仅增强了顾客的忠诚度，也为范蠡带来了稳定的回头客源。

范蠡在选择商品进行投资时，总是基于深入的市场洞察和对消费者需求的精准把握。他的这种做法对现代经营者来说，也有很大的帮助。现代摊位经营者应当通过观察、调研和分析，了解目标顾客群体的具体需求和消费习惯，从而选择那些能够满足这些需求的商品。

例如，如果地摊位于大学附近，经营者可以考虑销售学生常用的文具、便携式电子产品配件或者健康零食。如果设在居民区，那么日常生活用品、家庭清洁工具或者园艺小物件可能会更受欢迎。通过精准的商品定位，能够更好地吸引目标顾客，提高销售效率。

现代经营者，同样需要持续关注市场动态，并能够迅速做出反应。市场的流行趋势、季节性变化，甚至突发的社会事件都可能影响消费者的购买行为。例如，市场上出现了某种新的流行元素或者消费者对环保产品的需求增加，经营者可以迅速调整商品线，引入相关的商品以满足市场需求。此外，经营者还可以通过社交媒体和网络平台，及时了解消费者的反馈和建议，从而快速调整销售策略，保持地摊的市场竞争力。

总之，范蠡的货殖智慧给我们以重要启示，现代经营者要深入了解市场和消费者，精准地选择商品，并保持高度的灵活性，以应对市场的不断变化。通过这种方式，经营者能够更好地把握商机，提升销售业绩，实现持续的发展和成功。

灵活定价：找准利润平衡点

● ● ■

春秋时期的越国，都城的市集是一幅繁忙的画卷。随着季节的轮回，市集也随之变换着它的面貌。春天，市集上满是新鲜的蔬菜和五彩的布料；夏天，凉爽的竹制品和轻盈的夏装成为主角；秋天，各种干货和厚重的秋衣摆满了摊位；冬天，则换成了保暖的皮草和炭火。

在这个市集中，有一个布匹摊位，它的主人名叫计然。计然年轻而有活力，他继承了家族的布匹生意，但他的心思却不局限于这些五彩斑斓的布料，他渴望能够干一番事业。

计然的父亲老计是个传统的商人，他经常跟儿子讲古代商贾如何通过政府的物价调控来保持市场的稳定，对"平粜法"有着深厚的信仰，他觉得这是经商的不变真理。不过，计然却认为，除了"平粜法"，在实际的市场中，需要更多的灵活性和创新。

计然站在摊位后，手中抚摸着一块新进的丝绸，心中暗自思量。他知道，这块丝绸的质地柔软，色泽光鲜，是市场上难得一见的上等货。

但他也清楚，这样的布料成本不菲，他必须想到一个方法在保证利润的同时，又能吸引顾客。

老计在一旁看着儿子，眉头紧锁。他对计然的新想法总是半信半疑，他认为经商要稳重，要遵循"一分价钱一分货"的原则。于是，老计忍不住问道："计然，你真的打算用那块丝绸做衣服吗？"

"是的，父亲，"计然坚定地回答，"我相信，只要我们的衣服设计得够好，顾客就愿意花这个钱。"

就在这时，布料供应商孟德走了过来，他手里拿着一卷新布料，脸上带着得意的笑容。"计然，看看我这次给你带来了什么。"

计然接过布料，仔细检查。这是一块质地坚韧、颜色鲜艳的棉布，非常适合制作夏季的衣物。"这布料不错，孟德，你总能搞到好东西。"

"那是当然，"孟德得意地说，"不过，你打算怎么卖？"

计然沉思了一会儿，然后说："我想尝试一种新的定价方法。我想根据布料的成本，加上我们的劳动和设计费用，再考虑到市场的需求，来设定一个合理的价格。"

老计听了，摇了摇头，但他没有再说什么。他知道，儿子已经长大了，有了自己的主意。

计然手中的这块布料，是从远方运来的，其成本已经不菲。布料的进价是每匹50戈币，而他手头有10匹这样的布料，仅此一项成本就是500戈币。此外，他还要考虑运输过程中的损耗和存储费用，这部分大约增加了50戈币的成本。至于人工成本，他需要支付给裁剪师傅和缝纫工的报酬，根据他们的工作量和技艺水平，每人每匹布料的报酬是5两戈币，加起来又是100戈币。

计然还计划支付给裁缝设计费用，她那设计真心不错，衣服一上身，档次感立刻就出来了，顾客看了都乐意掏钱。他们商定的费用是每匹布料3两银子，这样一来，设计费用总计30戈币。

计然计算出每匹布料的总成本大约是680戈币，假设每匹布料可以制作5件衣服，那么每件衣服的成本大约是136戈币。最后，计然还要考虑到自己的利润，他希望每匹布料至少能赚10戈币，这样既能保证盈利，又不至于定价过高，因此每匹布料定价最低为146两银子。同时，他跑了一些同行的店，发现市场上类似品质的衣服售价在150到200戈币之间。计然决定将价格定在165戈币，这个价格既高于成本价，又在市场接受范围内。

"平粜法"的核心在于平衡。计然在定价时考虑了平衡多方面的因素：成本、顾客的支付意愿、市场竞争力，以及预期利润。他不能仅仅基于成本来定价，也不能完全忽略成本而追求低价竞争。他需要找到一个点，既能覆盖成本和获得合理利润，又能吸引顾客，同时在激烈的市场竞争中保持竞争力。

在计算出每件衣服的成本为136戈币后，计然考虑了市场上顾客的支付意愿。他知道，如果定价过高，可能会失去一部分对价格敏感的顾客；如果定价过低，则可能会引起市场上其他商贩的恶性竞争，从而扰乱整个市场的价格体系。因此，他决定将价格定在165戈币，这个价格既考虑了成本和利润，又顾及了市场的接受程度。

在"平粜法"的智慧指引下，计然在激烈的市场竞争中找到对布料成本的合理分摊和对利润的合理追求的平衡点，既保证了自身的盈利，又维护了市场的和谐与稳定。

现代经营者在定价时，不应仅仅局限于成本加成的简单计算，而应综合考虑市场环境、顾客需求、竞争对手以及自身的品牌定位。通过灵活运用定价策略，经营者可以在保证自身利益的同时，为顾客提供物有所值的商品，从而在市场上获得良好的口碑和稳定的客源。

在这个过程中，经营者还需要不断地学习和创新，紧跟市场趋势，适时调整自己的经营策略。正如计然所做的那样，通过对古代智慧的现代诠释和应用，经营者可以在这个充满变数的市场中稳步前行，实现自身的商业价值和社会价值。

供需关系：适时调整价格

● ● ●

在古代中国，"市价"这一概念已经在商业实践中得到了广泛应用。商人们通过对市场供需关系的观察和分析，来调整商品的价格，以期达到盈利的目的。这种定价机制，实际上与现代经济学中供需法则的核心原理是一致的。

在古代，商人们通常在集市上进行交易，这些地方是商品流通的中心，也是信息汇聚的场所。商人们会密切关注市场上的商品流通情况，包括哪些商品受欢迎、哪些商品滞销，以及不同季节对商品需求的变化等。他们会根据这些信息来判断商品的供需状况，从而决定商品的市价。

例如，在古代农业社会中，粮食是最重要的商品之一。在丰收季节，粮食供应充足，市场上的粮食价格往往会下降，因为供应量大大超过了需求量。商人们会在这个时期购入大量粮食，储存起来。而在粮食歉收季节或遇到自然灾害时，粮食供应减少，需求相对增加，市价随之上涨。这时，商人们会将之前储存的粮食以较高的价格出售，从而获得利润。

除了粮食，其他商品如丝绸、陶瓷、茶叶等，也遵循同样的供需规律。商人们会根据商品的生产成本、运输费用、市场需求和竞争状况等因素来设定价格。他们还会利用节日、庆典等时机，通过促销或限量发售等手段来提高商品的市价。

古代的市价体现了商人们对市场经济规律的理解和应用。他们知道，只有紧跟市场的变化，灵活调整商品价格，才能在激烈的商业竞争中立于不败之地。这种基于市场供需关系的定价策略，至今仍是现代商业活动中的核心原则之一。

元末明初，社会动荡不安，经济形势复杂多变。在这样的背景下，商人沈万三凭借敏锐的商业直觉，成功地把握了市场脉搏，尤其是在粮食和盐的贸易上。

以粮食贸易为例，由于连年战乱和自然灾害，粮食产量极不稳定，导致市场价格波动剧烈。沈万三知道，粮食作为人们生活的必需品，无论市场如何变化，其需求始终存在。因此，他在粮食丰收的年份，当市场上粮食供应充足、价格相对较低时大量购入粮食，并储存起来。等到粮食产量不足、市场供应紧张时，他再将储存的粮食以较高的价格出售，从而获得利润。

他通过提前预测市场变化，合理安排粮食的购入和销售，有效地规避了市场波动带来的风险。同样，在盐的贸易上也是如此。在当时，盐是国家严格控制的商品，盐业的经营权往往掌握在少数人手中。

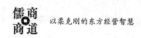

　　沈万三通过与官方的合作，获得了盐的销售权。他不仅注重盐的质量，更重视盐的销售策略。沈万三了解到，不同地区的人们对盐的需求和消费习惯也有所不同，因此他根据各地的实际情况，制定了不同的销售策略。在盐需求量大的地区，他会适当增加供应量，以满足市场需求；在盐需求量小的地区，他则会通过调整价格，来刺激销售。

　　沈万三的这些商业活动，不仅为他带来了巨大的财富，也为他赢得了良好的商业声誉。他的成功案例，也为现代地摊经营者提供了宝贵的启示。在当今快速变化的市场环境中，地摊经营者同样需要对市场供需关系有深刻的理解，通过灵活调整商品的购入和销售策略，来应对市场的变化。同时，建立良好的社会关系，注重商品质量和销售策略的创新，也是实现商业成功的重要因素。

　　在现代商业环境中，尽管技术和市场结构发生了巨大变化，但市场供需关系的基本原理依然适用。现代地摊经营者要想在竞争激烈的市场中取得成功，需要深入理解市场动态，精心挑选和打磨自己的商品，并灵活定价。

　　首先，现代经营者成功的关键在于深入市场调研，细致分析顾客需求、消费习惯及偏好。同时，密切关注竞争对手的动向和市场趋势至关重要。这些洞察力使得经营者能够精准定位受欢迎的商品，并制定策略，使自身产品在市场中脱颖而出，满足并吸引目标消费群体。通过差异化的产品和服务，地摊能够建立独特的市场地位，赢得顾客的忠诚与支持。

其次，经营者要想在商品同质化的市场中获得优势，关键在于提供卓越的商品质量和服务。他们需要精心挑选优质的供应商，确保所售商品的品质，这样才能赢得顾客的信任。同时，提供更长的售后期可以进一步增强顾客对商品的信心。通过这些举措，经营者可以在竞争中凸显特色，吸引并留住顾客，实现长期发展。

现代经营者在定价时需综合考虑成本、顾客支付意愿和市场竞争。他们可以采用成本加成、竞争定价或价值定价等策略。此外，通过促销活动、捆绑销售或会员优惠等手段，可以吸引顾客，提升销售额。这些灵活的定价和营销策略有助于地摊经营者在激烈的市场竞争中获得优势，实现可持续发展。

最后，地摊经营者应持续调整商业策略，以适应市场和消费者需求的变化。这包括引入新产品以满足顾客需求，调整商业模式以提高效率和盈利能力，以及探索新的销售渠道以扩大市场覆盖率。通过灵活应对市场动态，经营者能够保持竞争力，实现长期发展。

总之，通过学习古代商人的智慧，现代经营者可以在竞争激烈的市场中找到自己的定位，实现持续的发展和成功。这需要他们对市场有深刻的洞察力，精心挑选和打磨商品，灵活运用定价策略，并且不断创新和适应市场的变化。通过这些方法，地摊经营者可以在现代商业环境中建立起自己的品牌，并取得长期的成功。

质价相符：综合考虑市场

● ● ●

　　在古代商业交易中，商人们还遵循着一项基本原则——"质价相符"。这一原则强调商品的价格应当与其质量相匹配，即高质量的商品应当有相应的高价格，而低质量的商品则应有较低的定价。这种定价理念不仅体现了对消费者公平交易的尊重，也是商家长期经营、积累信誉的重要策略。

　　随着时间的流逝，尽管商业模式和交易手段发生了翻天覆地的变化，但"质价相符"的原则依然在现代商业活动中发挥着重要作用。特别是现代地摊经济，其以低成本、高灵活性的特点，在现代城市中占据了一席之地，成为许多小本创业者的首选。

　　在古代市场，商品的质量和价格是消费者判断是否进行交易的两个重要因素。商人们深知，只有提供质量上乘的商品，才能赢得顾客的信任和忠诚，从而保证长期的盈利和商号的声誉。因此，他们会根据商品的材质、工艺复杂度、使用价值等因素来决定价格，力求做到价格公正、透明。

"质价相符"原则还体现了古代商人对市场规律的深刻理解。他们认识到，价格不仅反映了商品的成本和质量，还与市场供需关系密切相关。在供不应求的情况下，适当提高价格是合理的；而在市场饱和或需求减少时，适度降价则有助于促进销售和库存周转。

此外，"质价相符"原则也是一种风险管理策略。通过合理定价，商人们可以避免因价格过高而失去市场，或因价格过低而遭受经济损失。这种定价策略有助于商人们在不断变化的市场环境中保持稳定的经营状态，实现可持续发展。

在古代，这一原则不仅被应用于日常的商品交易中，也被用于节日市场、庙会等特殊场合的商品定价。商人们会根据节日的特点和消费者的购买心理，调整商品的价格和质量，以满足市场需求，同时保证自身的利润。

总之，"质价相符"原则是古代商业活动中的一项重要原则，它要求商人们在定价时综合考虑商品的质量、成本、市场供需关系以及消费者的支付意愿。在接下来的内容中，我们将进一步探讨这一原则在现代地摊经济中的应用和意义。

在现代都市的脉搏中，地摊经济如同一股清新的溪流，它穿梭在高楼大厦的缝隙间，为忙碌的市民带来一丝温馨和便捷。这里，没有繁复的商业程序，没有冰冷的商业条款，只有摊主们真诚的笑容和他们精心挑选的商品。

地摊经济的魅力在于它的亲民和灵活。在这里，每个人都可以是商家，每条街都可以是市场。摊主们根据季节变化和市场需求，轻松调整自己的商品线，从应季水果到节日装饰，从流行服饰到实用小家电，他们的商品种类丰富，满足了市民多样化的需求。

这种经济形态的另一个特点是其社交属性。地摊经济具有鲜明的社交属性。在地摊前，顾客与摊主之间的互动超越了单纯的交易，他们分享生活点滴，交流个人故事，营造出一种亲切、有人情味的购物体验。这种社交互动不仅增强了顾客的归属感，也有助于建立摊主与顾客之间的长期信任关系，为地摊经济的持续发展注入了独特的人文关怀和情感纽带。

当然，地摊经济也面临着不少挑战。市场竞争、不稳定的天气条件等都可能对地摊经营者造成影响。但正是这些挑战，激发了摊主们的创新精神和适应能力。他们不断尝试新的营销策略，利用社交媒体等现代工具来吸引顾客，提高知名度。

在这样的背景下，"质价相符"的原则显得尤为重要。地摊经营者们深知，只有确保商品的质量与价格相匹配，才能在竞争激烈的市场中脱颖而出，赢得顾客的信任。他们通过精心挑选货源、合理定价，以及提供良好的顾客服务，来实现这一原则。

接下来，我们将深入探讨现代地摊经营者如何将"质价相符"的原则融入他们的商业实践中，如何在现代都市的快节奏生活中，创造出一片属于自己的商业天地。

在现代地摊经济中，"质价相符"的原则是经营者们定价策略的核心。这一原则强调商品的价格应该与其质量和顾客的支付意愿相匹配。地摊经营者在设定商品价格时，必须综合考虑多个因素，以确保价格既能够反映商品的价值，又能够被市场接受。

商品质量：商品的质量是影响定价的关键因素之一。高质量的商品往往需要更高的成本，因此可以设定较高的价格。地摊经营者需要确保所售商品的质量，以支撑其价格。他们可以通过选择信誉良好的供应商、进行严格的质量控制等措施来保证商品质量。

商品成本：商品的成本包括采购成本、运输成本、存储成本等。地摊经营者需要准确计算这些成本，并在定价时将其考虑在内。他们需要确保所定价格能够覆盖成本，并留有一定的利润空间。同时，经营者还需要关注成本控制，通过批量采购、优化物流等方式降低成本。

顾客支付意愿：顾客对价格的接受度是影响定价的另一个重要因素。地摊经营者需要了解目标顾客群体的消费能力和支付意愿，并据此设定合理的价格。他们可以通过市场调研、顾客访谈等方式了解顾客的支付意愿。

市场竞争：地摊经营者还需要关注同类商品的市场价格，以确保自己的定价具有竞争力。他们可以通过定期的市场调研，了解竞争对手的定价策略，并据此调整自己的价格。同时，经营者还可以通过提供差异化的商品或服务，来获得竞争优势。

品牌定位：地摊经营者还需要考虑自己的品牌定位。如果他们希望打造高端品牌，可能会采取较高的定价策略；如果他们希望吸引大众消费者，可能会采取亲民的定价策略。品牌定位会影响顾客对价格的感知和接受度。

营销策略：地摊经营者还可以通过各种营销策略来配合定价，如促销活动、捆绑销售、会员优惠等。这些策略可以提高商品的吸引力，吸引更多的顾客。同时，经营者还可以通过提供增值服务，如售后服务、个性化定制等，来提升商品的价值感，从而支撑较高的价格。

经济环境：地摊经营者还需要关注宏观经济环境的变化，如通货膨胀、消费者信心等。这些因素会影响顾客的购买力和支付意愿，从而影响定价策略。经营者需要灵活调整定价，以适应经济环境的变化。

法律法规：地摊经营者还需要遵守相关的法律法规，如《中华人民共和国价格法》等。他们需要确保自己的定价策略合法合规，避免因价格违法行为而受到处罚。

总之，在现代地摊经济中，"质价相符"的原则要求地摊经营者在定价时综合考虑商品质量、成本、顾客支付意愿、市场竞争、品牌定位、营销策略、经济环境、法律法规等多个因素。通过精心的成本计算、市场调研、顾客反馈、数据分析和营销策略，经营者可以制定出科学合理的定价策略，以实现利润最大化和可持续发展。同时，他们还需要不断创新和适应，以应对市场的变化和挑战。通过不断学习和实践，地摊经营者可以逐渐掌握定价的艺术，成为市场的赢家。

第三章

传统商道中的顾客服务

仁商，以诚信为本，以顾客为尊，注重社会责任，追求共赢发展。在历史的长河中，许多商界巨擘以其仁商精神，不仅收获了财富，更赢得了后世的敬仰。

仁商精神：仁心、利他

● ● ●

在中国古代商业文化中，《史记·货殖列传》成为后世商人的行为准则和经商哲学的重要参考。这部著作不仅记录了商业活动的兴衰成败，更深刻阐述了"仁商"理念——一种将道德伦理融入商业行为的经营智慧。仁商，以诚信为本，以顾客为尊，注重社会责任，追求共赢发展。在历史的长河中，许多商界巨擘以其仁商精神，不仅收获了财富，更赢得了后世的敬仰。

《史记·货殖列传》中所描绘的仁商形象，不仅是商业成功的典范，更是道德伦理的楷模。这些商人通过自己的实践，将仁商精神融入商业行为的每一个细节中，展现了一种以诚信、利他和创新为核心的商业哲学。这些仁商不仅成为当时社会的典范，其价值观念也为今天的商业社会提供了宝贵的启示。

诚信是仁商精神的基石。在古代，商人们深知一次的失信可能导致长期的声誉损失，因此他们始终如一地遵守承诺，确保顾客的利益不受损害。这种长期的诚信经营，不仅稳固了顾客基础，也为商号带来了持续的繁荣。在现代地摊经济中，诚信同样重要。地摊经营者通过提供真实的商品描述、公正的交易价格和可靠的售后服务，能够建立起顾客的信任，从而积累良好的口碑和持续的客流。

仁商精神中的利他，体现了商人对社会的深切关怀。古代的商人们通过慈善活动展现了他们的社会责任感。比如，在发生洪水、旱灾、地震等自然灾害时，商人会捐出粮食、衣物和钱财来帮助受灾的民众，这种利他的行为不仅帮助了需要帮助的人，也为商人赢得了尊重和荣誉。

在仁商精神中，创新是推动经济发展的重要动力。古代的商人们不断探索新的商业模式，勇于尝试新的经营策略，以适应不断变化的市场环境。他们的创新精神不仅推动了商业的发展，也促进了社会的进步。在现代地摊经济中，创新同样至关重要。地摊经营者可以通过引入新的销售模式、开发独特的产品或提供个性化的服务，来吸引顾客，提高竞争力。

案例故事一：仁商白圭

战国时期的著名商人白圭，以卓越的商业才能和仁慈的心闻名于世。他的故事不仅是商业成功的典范，更是仁商精神的生动体现。

白圭出生于一个普通的农家，自幼聪颖过人，天生就对经商之道有着敏锐的洞察力。在经营活动中，他注重诚信和顾客需求，始终坚持公平交易的原则，从不做欺骗顾客之事。

白圭曾经营一家布匹店，他的布匹以质地优良、色彩鲜艳而闻名。一次，一位远方的商人向白圭订购了一大批布匹，预付了定金。然而，就在白圭准备发货之际，市场上的布匹价格突然上涨，远高于他与那位商人约定的价格。面对这一情况，白圭的助手建议他提高价格，以获取更多的利润。

但白圭坚持认为，既然已经与顾客达成了协议，就应该遵守承诺。他没有提高价格，而是按照原定的价格将布匹卖给了那位商人。这一行为虽然在短期内看似未得到高利润，却赢得了那位商人的信任，也为自己赢得了更多长期合作的机会。

后来，这位商人成为白圭的忠实客户，还将白圭推荐给了其他商人，因此白圭的生意也越做越大。白圭在积累财富的同时，也积极参与社会公益活动。在发生自然灾害时，他慷慨解囊，捐出大量粮食和财物来帮助受灾的民众。平时他也会出资修建桥梁、水渠等公共设施，为当地的交通和农业发展做出贡献。

白圭的商业版图不断扩大，但他并未因此沾沾自喜或放纵自我。他始终保持着谦逊的品德，关心身边的人，无论是手下的工匠、伙计，还是与之交易的商贩，他都以诚相待。他赢得了人们的尊敬，吸引了更多的顾客和商贩前来交易。

白圭的故事传颂千古，成为仁商精神的代表。他不仅在商业上取得了巨大的成功，更用自己的行为诠释了仁商的道德风范。在今天，白圭的故事依然具有深刻的启示意义。对于现代地摊经营者而言，白圭的诚信经营、顾客至上、利他行为和社会责任，都是值得学习和借鉴的宝贵财富。

案例故事二：清朝著名商人乔致庸

乔致庸作为清朝时期著名的商人，不仅以其雄厚的财力和精明的商业头脑建立了商业帝国，更以其仁商精神和高尚的品德赢得了人们的尊敬。在那个充满机遇与挑战的时代，乔致庸不仅注重商业利益，更重视道德和社会责任，他的行为体现了古代商人的仁义之道。

有一次，乔致庸的商队在长途跋涉中遇到了一场突如其来的山洪，珍贵的货物被冲散一地，商队陷入了困境。消息传来，乔致庸没有丝毫犹豫，他立即动用私人财产，补偿了所有损失，还亲自带领队伍深入灾区，帮助当地百姓重建家园。这一行为在当时引起了巨大的轰动，人们纷纷称赞乔致庸不仅是一位杰出的商人，更是一位有人情味的仁者。

乔致庸对待手下的工匠和伙计也如同对待自己的家人一般。有一次，一位工匠因家中出了急事而陷入困境，乔致庸得知后，不仅立刻给予了金钱上的帮助，还特意安排时间让他回家处理家事。这位工匠深受感动，回到工作岗位后更加尽心尽力，成为商队中的骨干力量。

乔致庸的商业眼光也极为独到。他发现随着商业的繁荣，商人对金融往来的需求日益增长。于是，他大胆创新，开设了一家票号，为商人提供汇兑和存放钱财的服务。他对自己的票号业务格外注重，坚信这是维系客户信任的关键所在。他亲自向票号的掌柜和伙计们灌输诚信的重要性，要求他们在每一笔交易中都必须坚守诚信，确保每一位顾客的利益不受损害。因此，他的票号逐渐成为商界中信誉的象征，乔致庸也成为一代商业巨擘。

乔致庸的故事强调了商业成功与个人品德的紧密联系，这对于今天的地摊经营者而言，是一个重要的提醒：在追求经济效益的同时，也应不断提升自身的道德修养，以诚信和仁德为准则，这样才能在商业的道路上走得更远，创造属于自己的传奇。

案例故事三：仁心仁术胡庆余堂

在清朝末期，胡庆余堂的名字在医药界享有盛誉。胡庆余堂是由胡雪岩在清同治十三年（1874年）创建的药铺，坐落在一条繁忙的街道上，门前总是车水马龙。胡庆余堂不仅因药品的疗效显著而受到人们的尊敬，更因其医者仁心而被乡邻称道。

某年，小镇遭遇了一场罕见的疫情，许多村民因病倒下，当地的医疗资源极度紧张。胡庆余堂成了抗击疫情的一线阵地。面对这场突如其来的灾难，胡雪岩没有选择囤积居奇，反而决定将药铺中的存药无偿提供给急需的病患。

在那个时候，有一个故事特别引人注目。一位姓李的老妇人，她的儿子因病重而卧床不起，因家中贫困无法购买药物。胡雪岩得知这一情况后，不仅专门安排医生上门为李大娘的儿子诊治，还免费提供了一剂珍贵的药方。这剂药方中包含了多种稀有的药材，是胡庆余堂的大夫们多年研究的成果。

在胡庆余堂大夫的精心调理下，李大娘的儿子逐渐康复。这个消息像春风一样迅速传遍了小镇，人们对胡雪岩的敬仰之情更加深厚。胡庆余堂门前，经常有患者自发送上的瓜果蔬菜，以表达他们对胡雪岩的感激之情。

胡雪岩的善行在街头巷尾流传，成为人们口中的美谈。胡雪岩用自己的行动诠释了什么是真正的商人——不仅追求利润，更要承担社会责任，以仁爱之心关照每一位顾客。

在今天，胡雪岩的精神依然值得我们学习和传承，激励着每一位商人以诚信和仁心去经营自己的事业，为社会的和谐与进步做出贡献。

我们应该向古代商人学习，将他们的智慧融入现代地摊经营之中，推销商品时必须真诚，不夸大其词，确保顾客得到准确的信息。服务不仅是交易的一部分，更是一种艺术，需要我们倾听、理解和满足顾客的需求，从而提供更加个性化和周到的服务体验。

我们还应该效仿古代商人承担社会责任，通过参与或发起社区服务活动，不仅能够帮助那些需要帮助的人，还能够提升地摊的社会价值，增强与顾客之间的情感联系。

仁商的核心价值，源自古代商业智慧，地摊经营者通过诚信经营，不仅能够建立稳固的顾客信任，还能在竞争中赢得优势。积极承担社会责任，如公平交易、推广环保意识，可以增强社会对地摊经济的认可和支持。同时，不断的创新，无论是在商品、服务还是营销策略上，都是地摊经营者适应市场变化、持续发展的关键。仁商精神的现代实践，有助于推动商业环境向更加公正和繁荣的方向发展，为社会的和谐与进步贡献力量。

总之，古代商人的经营哲学和行为准则对我们今天的地摊经营者而言，仍具有重要的启示意义。通过学习和实践这些内容，我们不仅能够提升自身的商业竞争力，还能够为构建更加和谐、有责任感的商业环境做出贡献。

无欺原则：诚信经营

● ● ●

案例故事一

在明朝，有一位名叫赵明的布匹商人。他的店铺坐落在石板路的尽头，门前总是挂着两盏红灯笼，照亮了夜归人的脚步。人们都说，赵明的店铺里的东西质量好，他人也实在。

一日，一位远道而来的丝绸商人带着一批珍贵的丝绸来到赵明的店铺。这些丝绸色彩斑斓，图案精美，是市场上难得一见的上等货。赵明对此爱不释手，当即决定购买，双方约定了价格和交货日期。

然而，就在交货的前一天，赵明在检查丝绸时却发现了问题。原来，这批丝绸在运输过程中受了潮，虽然外表看起来无异样，但实际上已经开始出现泛黄的迹象。赵明知道，如果将这些丝绸卖给顾客，短期内或许不会有什么异样，但时间一长，丝绸就会失去光泽，甚至发霉。

面对这个情况，赵明陷入了左右为难的困境。如果他拒绝这批丝绸，就会失去一大笔生意，而且已经支付的定金也将无法追回。如果他将这些丝绸卖给顾客，就会违背自己一直坚持的诚信原则。赵明心里斗争了好一阵子，最后他下定决心，说什么也不能为了一时的小便宜，就把自己的良心和客人们的信赖给卖了。

赵明赶紧找到卖丝绸的老板，把情况一五一十地说清楚。他拍着胸脯说自己愿意扛下所有的损失。那位丝绸老板见赵明这么讲究诚信，心里非常认同赵明的做法，决定和他一起来分担这个损失，于是他快马加鞭重新更换了一批丝绸。

消息传出后，赵明的名声更加响亮了。顾客们对他的敬重之情更甚，他的生意也更加兴隆。他用自己的行动证明了，诚信不仅是一种品德，更是一种能够带来长远利益的智慧。无论时代如何变迁，诚信经营始终是商业成功的基石。

案例故事二

明末清初，在一个小镇上，有个叫李老实的掌柜，他的小铺子坐落在集市的一角，虽不显眼，却总是门庭若市。李老实卖的东西，价格不贵，但东西都是真材实料，他从不夸大其词，也不藏着掖着，卖的就是那份实实在在。

有一回，一批货物在运输途中遭遇了暴雨，虽然外观看起来没什么大碍，但李老实知道，这些货物若长时间存放，必定会受影响。他没有选择偷偷混入好货中出售，而是主动告知所有来光顾的客人，这批货有问题，建议他们暂时不要购买。

　　客人们听了，不但没有离开，反而对李老实的坦诚表示赞赏。他们觉得，李老实这样的人值得信赖。消息传开后，李老实的铺子名声大噪，连别的地方的人都慕名而来，就为了这份诚信。

　　赵明和李老实的故事，就是"无欺"原则的生动写照。在今天，这个原则依然适用。它告诉我们，不管是开店还是摆地摊，诚信都是最重要的。不欺骗顾客，不卖假货，价格公道，这样顾客才会信任你，才会愿意回头再来。

　　"无欺"原则，用现代的话来说，就是"诚信经营"。它不仅是一种道德规范，更是一种长远的商业策略。在这个信息透明的时代，一次失信可能就会让你的名声一落千丈。相反，坚持诚信，你的好名声就会像滚雪球一样，越滚越大，最终给你带来意想不到的收益。

　　所以，无论是古代还是现代，做买卖就得实实在在，不玩虚的。这样你的生意才能做得长久，做得红火。这就是"无欺"原则的智慧，也是它能流传至今的原因。

　　在现代地摊经济中，经营者们时常面临着诚信的考验。一些商家为了追求短期利润，不惜通过虚假宣传来吸引顾客。这些行为不仅损害了消费者的利益，也破坏了市场的公平竞争环境，造成了顾客信任的丧失。

　　只有坚持诚信经营，拒绝售卖假货，提供真实的商品信息和公正的价格，地摊经营者才能建立起良好的口碑，吸引更多消费者。通过这种方式，地摊经营者不仅能够提升自身的市场竞争力，还能够在顾客心中树立起正面的品牌形象，从而在激烈的市场竞争中脱颖而出，实现长期的稳定发展。

案例故事三

老刘经营着一家蔬菜摊，为人诚恳热情。每天他都会骑着三轮车，载着自家种的新鲜蔬菜来到地摊，他的摊子一摆下来，老顾客也都纷纷过来了。

老刘的菜摊旁边是小王的水果摊，两人做了多年邻居。小王的水果摊上，那些红彤彤的苹果、黄澄澄的香蕉，还有亮晶晶的葡萄，看着就让人心里舒坦，吸引来不少顾客。但小王有个小毛病，就是喜欢夸大其词，有时候为了多卖几斤水果，会过度吹嘘水果的甜度。

有一天，小王的一批苹果出现了问题，虽然外表看起来红彤彤的，但里面已经开始变质。老刘发现了这个问题，他知道如果这批苹果卖出去，不仅会损害小王的声誉，也会影响到自己的菜摊。于是，老刘找到小王，两人坐在地摊旁的小凳子上，老刘语重心长地说："小王，咱们在这里摆摊多年，靠的是街坊的信任。卖坏苹果不是砸自己的招牌吗？"小王听了，脸上露出了羞愧的神色。

那次之后，小王像换了个人似的，开始认真学起了怎么挑好货。他不再满嘴跑火车，而是实实在在地向顾客介绍水果。老刘也没少帮忙，他给小王介绍了几个信得过的果农，这样一来，小王的货源也有了保障，水果质量稳稳的。

时间一长，小王的摊位前渐渐围满了回头客，大家都说，小王的水果吃着放心。老刘的菜摊也跟着沾光，两个人的生意都越来越红火。邻里街坊都夸这俩人，说在他们俩那儿买的就是个踏实。他们用自己的行动证明了诚信生意才能做得长远，才能在市场上站稳脚跟。

在未来发展中，相信古代的"无欺"原则会继续在现代社会绽放出更加璀璨的光芒，成为连接传统与现代的桥梁。随着社会的发展和科技的进步，地摊经营也在不断创新与变革，而"无欺"原则始终是不变的核心，它不仅是商业成功的基石，也是社会和谐的重要保障。

和气生财：经营的秘诀

● ● ●

案例故事一

在清朝末年，胡雪岩以其卓越的商业才智和仁商精神，在杭州城乃至整个江南地区享有极高的声誉。他的商号不仅因货品精良而著称，更因"和气生财"的经营理念而深得人心。

一个春寒料峭的早晨，胡雪岩的商号迎来了一位面色忧虑的书生。书生身着破旧的长衫，手中紧握着一件家传的古董，请求典当以解燃眉之急。胡雪岩见书生衣着朴素，知其家境贫寒，便细细端详了那古董，发现其价值不菲。

胡雪岩没有乘人之危压低价格，反而以高于市价的金额收下了古董，并温和地对书生说："这件古董价值连城，我出此价，是出于对您家族的尊重。他日您若有所成，想要赎回，只需按此价，我定当原物奉还。"

书生名唤周文，他出自书香门第，却因家道中落而陷入困境。面对胡雪岩的慷慨与仁义，周文心中感激不尽，他紧握胡雪岩的手，眼中含泪道："胡老板，您的大恩大德，文没齿难忘。今日之事，文必将铭记于心，他日若有所成，定当厚报。"

胡雪岩微笑着拍了拍周文的肩膀，说道："周兄，我信你是个有志之士，不必言谢。只盼你早日功成名就，为国家效力。"

周文再次拜谢，怀揣着胡雪岩给的银两和沉甸甸的信任，踏上了求学之路。他日夜苦读，不敢有丝毫懈怠，终于在次年的科举考试中高中进士，并被任命为杭州知府。

周文回到杭州后，第一件事便是前往胡雪岩的商号，他除了赎回古董，还带来一份特别的谢礼——一幅亲笔题字的匾额，上书"仁商楷模"四个大字，并亲自命人在商号前挂上。

胡雪岩的仁商之举，不仅赢得了周文的友谊，更在杭州城传为佳话。商业交易不只是金钱的交换，更是人心的交流。以和气、诚信和仁慈待人，才能够赢得顾客的尊重与忠诚，这是商业成功的重要因素。

胡雪岩的成功，不仅在于商业上的成就，更在于他对社会的贡献和对人心的把握。每一位顾客都能感受到他的真诚与尊重。在胡雪岩看来，每一位顾客都是商号的宝贵财富，都应该得到最贴心的服务。

在现代商业环境中，胡雪岩的这种商业智慧依然具有重要的启示意义。它告诉我们，以和为贵，以诚待人，不仅能够赢得顾客的心，更能够赢得市场的认可。这种"和气生财"的商业哲学，是每一位商人，特别是地摊经营者应该学习和实践的宝贵财富。

胡雪岩还非常注重社会责任，他积极参与慈善事业，捐资助学，修建桥梁，为当地的社会和经济发展做出了巨大贡献。他的这些行为，不仅赢得了社会的广泛赞誉，也为他的商业帝国赢得了良好的声誉。

胡雪岩的故事是一段传奇，更是一种智慧。它跨越时空，照亮了商业道路，指引着我们前行。在今天，"和气生财"的商业哲学依然具有重要的现实意义。它提醒我们，在商业实践中，我们应该注重诚信，尊重顾客，以人为本，这样才能在激烈的市场竞争中立于不败之地，实现商业的持续发展和成功。

在现代城市的大街小巷，地摊经营者们用他们的智慧和热情，诠释着"和气生财"这一古老的智慧。比如，老张的煎饼馃子摊。

案例故事二

在城市的一条繁忙街道上，老张的煎饼馃子摊总是热闹非凡。老张，一个五十多岁的中年人，他的头发已经有些花白，但脸上总是挂着温暖的笑容。他的煎饼馃子摊虽然简陋，但干净整洁，每一件工具都被他擦得锃亮。

老张的手艺是祖传的，他从小就跟着父亲学习制作煎饼馃子。他的煎饼馃子外皮酥脆，内里软糯，搭配上秘制酱料和新鲜蔬菜，每一口都是满满的幸福感。但老张知道，真正的美味不仅来自食物本身，更来自制作食物时的那份心意。

　　每天清晨，当第一缕阳光照进街道时，老张的摊位前已经排起了长队。老张总是一边忙碌着手中的活计，一边和顾客聊着天。他记得每位常客的口味偏好，谁爱多加辣，谁不吃香菜，他都一一记在心里。

　　有一天，一位年轻的妈妈带着孩子来到老张的摊位前。孩子看起来有些不开心，原来是因为他最喜欢的玩具坏了。看到了这一幕，老张灵机一动，把手中的煎饼馃子做了一个小狗的形状，递给了孩子。孩子的眼睛立刻亮了起来，他开心地接过煎饼馃子，脸上露出了笑容。年轻的妈妈感激地看着老张，连声道谢。

　　"和气生财"不仅是一种商业策略，更是一种生活态度。老张的煎饼摊子就是最好的证明。

　　生财之道，讲究的是"和气生财"。以和为贵，和气生财，是商人的立身之本，也是经商制胜的秘诀。经商者只有坚持以和为贵的经营原则，才能使生意不断发展壮大，立于不败之地。

案例故事三

　　老王的地摊，就在小区门口的菜市场里，他卖的东西都是居民们日常需要的，比如新鲜的蔬菜、水果，还有一些小玩具和日用品。老王的摊位不大，但他总是能把东西摆得整整齐齐，让人一目了然。

　　老王做生意，讲究的是个"诚"字。他从不夸大其词，卖的东西都是货真价实。他还经常和顾客聊聊天，拉拉家常，让人感觉就像是邻居间的相处，而不仅是买卖关系。

在价格上，老王也很公道。他知道小区里的居民都是些普通家庭，所以总是尽量给大家最实惠的价格。有时候，他还会根据季节变化，进一些时令的商品，比如夏天的凉扇、冬天的暖手宝，这些小东西虽然不贵，却总能让人感到贴心。

老王还有个小妙招，就是他的"回头客计划"。他会记下常来光顾的顾客喜欢什么，下次进货时就会特意带一些，这样的小细节，让顾客感到被重视，也更愿意再次光顾。

像老王这样的地摊经营者会越来越多，他们用自己的方式，将和气生财的理念融入每一次交易中，让顾客在每一次光顾中都能感受到温馨和真诚。这样的地摊，不仅是商业交易的场所，更是社区文化和情感交流的平台，为构建和谐社会贡献着自己的力量。

勤俭持家：做好成本控制

● ● ●

在古代商业实践中，商贾们通过勤俭持家的精神，实现了有效的成本控制，这不仅体现了他们对商业运作的深刻理解，也展现了对资源的精细管理。古代商贾的成本智慧主要体现在以下几个方面：

采购策略：古代商贾在采购时展现出极高的耐心和策略性。他们像钓鱼一样，耐心等待最佳的交易时机。市场上的价格总是有起有落，商贾们通过观察市场动态，精准把握采购时机，以更低的价格获取高质量的商品。这种策略不仅减少了采购成本，也为后续的销售留出了更大的利润空间。

库存管理：古代商人对库存的管理极为严格，他们深知库存积压和缺货都会对生意造成不利影响。通过精细化管理，他们确保了商品的及时补充和过剩库存的及时处理。这种对库存的敏感性和应变能力，使得古代商贾能够灵活应对市场变化，保持了资金流的稳定和商品的流动性。

资源利用：古代商贾在资源利用上同样表现出极高的智慧。他们善于利用现有资源，如通过建立良好的关系网络，获取信息和资源的共享，减少不必要的开支。同时，他们在商品的运输和存储上也采取了一系列节省成本的措施，如合理规划运输路线，选择成本效益最高的运输方式，以及采用有效的存储方法减少损耗。

风险控制：古代商贾在经营过程中，非常注重风险的控制和管理。他们通过多元化的经营策略，分散风险，避免单一市场或商品的不确定性带来的影响。此外，他们还会通过建立储备金等方式，为可能发生的风险做好准备，确保在面对市场波动时能够稳健应对。

顾客关系：古代商贾深知顾客是生意的根本，因此他们在维护顾客关系上投入了大量的精力。通过提供优质的服务和建立长期的合作关系，古代商贾能够保持顾客的忠诚度，从而降低营销成本，提高顾客的重复购买率。

勤俭持家：古代商贾在个人生活中也秉承勤俭持家的原则，他们将这种精神带入商业运作中，通过节约日常开支，减少不必要的奢侈消费，将更多的资金和资源投入到生意的再发展中，从而实现了资本的有效积累和利用。

古代商贾的成本智慧，不仅创造了商业的繁荣，也为现代商业运作提供了宝贵的经验和启示。通过学习古代商贾的采购策略、库存管理、资源利用、风险控制、顾客关系维护以及勤俭持家的精神，现代地摊经营者可以更好地控制成本，提升竞争力，实现可持续发展。

在现代商业的浪潮中，地摊经济以其独特的生命力蓬勃发展。地摊经营者要想在成本和利润之间找到平衡点，必须借鉴古代商贾的智慧，并结合现代管理技术，精心制定成本控制策略。

利用市场数据和分析工具，地摊经营者可以精准预测市场趋势和顾客需求。例如，通过分析过往销售数据，老李的水果摊能够预测每种水果的销量预期，并据此调整采购量，减少过剩和浪费。

智能库存管理系统的引入，如使用Excel电子表格或专门的App，可以帮助地摊经营者实时监控库存状态。很多服饰摊就通过这样的系统，确保了热销款式不断货，同时及时清仓处理滞销款式，有效控制了库存成本。

地摊经营者在物流方面资源共享，也是一种有效的成本控制策略。以张姐为例，她与几个经营地摊的伙伴共同面对运输成本问题，他们采取了一种创新的解决方案：合伙租用一辆货车。

他们对这辆货车的使用非常灵活，伙伴们会提前一周安排好自己的运输计划，并与其他人协调，确保货车的使用效率最大化。例如，周一和周三可能是张姐运送新鲜蔬菜的日子，而周二和周四可能是其他人运送服装和饰品的时间。到了周末，货车则用于将大家的货物集中运送到市场。

此外，他们还制定了一套公平的费用分摊机制。根据每个人使用货车的时间和频率，计算出各自的费用，每月结算一次。这种方式不仅减少了每个人的运输成本，还增强了他们之间的合作关系，共同面对物流挑战。

这里还要提一下，在地摊经济这一充满生活气息的商业领域中，精细化管理和顾客关系管理的人性化实践对于提升顾客体验、降低成本以及增强竞争力至关重要。

精细化管理的核心在于对经营活动的每一个细节进行关注，以提高效率和顾客满意度，进而实现成本效益和顾客体验的平衡，具体表现在以下几点：

库存的精细化控制：通过对顾客购买行为的观察，灵活调整库存，确保热销商品的供应，同时减少滞销商品的积压。例如，根据季节性需求变化，及时更新商品种类，以满足顾客的实际需求。

采购的人性化考量：与供应商建立良好的沟通，通过小批量、多频次的采购方式，保持商品的新鲜度和多样性，同时降低库存成本。在采购过程中，优先选择对顾客有益的健康、环保商品。

现场服务的优化：在地摊现场，通过提供清洁、有序的购物环境，提升顾客的购物体验。例如，保持摊位的整洁，合理安排商品摆放，使顾客能够轻松便捷地挑选商品。

数字化链接：增强互动性

● ● ●

在数字时代，社交媒体已经成为连接人们的重要纽带，也为地摊经济带来了新的机遇。地摊经济以其便捷性和亲民性在城市生活中占据了一席之地，而社交媒体的融入，为地摊经营者开辟了新的宣传和销售渠道。

社交媒体平台，如微信、微博和抖音等，拥有庞大的用户基础，地摊经营者可以通过这些平台展示商品、发布促销信息，甚至分享自己的故事，以此吸引顾客的注意。此外，社交媒体的互动性让地摊经营者能够直接与顾客沟通，及时获取反馈，从而提升服务质量和顾客满意度。

地摊经济的特点在于它的灵活性和即时性，顾客可以即时购买所需商品，而地摊经营者可以根据社交媒体上的反馈和互动，快速调整商品种类和营销策略。例如，通过社交媒体上的点赞和评论，地摊经营者可以了解到哪些商品更受欢迎，进行针对性的优化。

地摊经营结合社交媒体，不仅能够扩大宣传范围，还能够通过社交媒体的数据分析功能，更精准地把握顾客需求和市场趋势。通过社交媒体，地摊经济可以实现更有效的顾客互动和销售转化，为地摊经营者带来更大的商机。

地摊经营者要想在社交媒体上取得成功，首先需要做的是选择合适的平台。不同的社交媒体平台有着不同的特点和用户群体，因此，地摊经营者应根据自己的目标顾客特征来选择最合适的平台。例如，如果目标顾客是年轻人，可以选择微博或抖音，因为这些平台上年轻用户更为集中；若顾客群体更为广泛，则可以选择微信，它的普及度较高，覆盖了不同年龄段的用户。

其次，创建社交媒体账号时，地摊经营者需要精心设计账号的各个元素，使其具有吸引力。头像应选择清晰、具有代表性的图片，如地摊的标志性商品或摊位照片，以便用户一眼就能识别。封面则可以选择展示地摊环境或特色商品的图片，营造氛围。简介部分应简洁明了地介绍地摊的特色和经营理念，让顾客一目了然。

最后，制订一个内容发布计划是非常关键的。保持一定的发布频率，既不能太久，也不要过于频繁导致信息过载。内容可以多样化，包括商品展示、促销活动、顾客好评，以及在日常经营中有趣的故事。同时，注意发布时间，选择在人们最可能浏览社交媒体的时段，比如早晨通勤时间、午休时刻或晚上休闲时间，更好地利用数字工具来提升自己的业务。

通过精心的内容规划和发布，地摊经营者可以在社交媒体上建立起自己的品牌影响力，吸引更多的顾客关注和访问。同时，社交媒体上的互动和反馈也能为地摊经营提供宝贵的信息，帮助经营者不断优化服务和产品，提升顾客满意度。

在繁忙的都市生活中，你的地摊可能只是城市商业活动中的一个微小存在。然而，即时通信工具能够为你的地摊赋予超越物理空间的连接能力。它们就像是为地摊配置了一套高效的通信系统，使得顾客无论身处何地，都能实时接收到你的服务信息，体验到你的服务态度。

即时通信工具有以下几个方面的优势：

实时互动：顾客可以即时获取商品信息和促销活动，同时经营者也能迅速响应顾客的咨询和反馈，提升沟通效率。

个性化服务：通过即时通信工具，地摊经营者可以根据顾客的购买历史和偏好，提供个性化的商品推荐和服务，增强顾客体验。

社群营销：建立微信群或其他社交媒体群组，可以集中管理和维护顾客关系，通过群内互动提高顾客黏性，促进口碑传播。

便捷的交易流程：利用即时通信工具的支付功能，可以简化购买流程，为顾客提供一键购买的便捷体验。

品牌传播：通过即时通信工具，地摊经营者可以发布品牌故事、经营理念等内容，增强品牌认知度，建立品牌形象。

数据分析：即时通信平台通常提供用户行为分析工具，地摊经营者可以利用这些工具收集数据，分析顾客行为，优化营销策略。

利用即时通信工具不仅提升了地摊的服务质量，还拓宽了地摊的业务范围，使其能够以更加专业和现代化的方式参与市场竞争。不过，在数字化营销的今天，地摊经济要想脱颖而出，线上线下结合的策略至关重要。

首先，通过社交媒体提前预热地摊活动，发布包括特色商品和折扣信息的活动预告，吸引顾客的目光。同时，利用互动推广，如问答、转发抽奖等，增加用户参与度，扩大宣传效果。在活动当天，现场直播地摊的热闹场景，吸引线上观众的注意力，并鼓励他们前来现场参与。

其次，利用即时通信工具的预订系统简化购买流程，让顾客可以提前下单，避免现场排队。推广移动支付方式，如微信支付、支付宝等，减少现金交易，提高交易效率。此外，通过即时通信工具收集顾客的即时反馈，快速响应顾客需求，提升服务质量。

再次，为了将线上流量有效转化为线下客流，可以使用地理位置标签在社交媒体内容中吸引周边社区的居民。同时，为社交媒体上的粉丝提供限时优惠或专属折扣，刺激他们的购买欲望，增加复购率。

在摊位上也可以放一个特制的二维码，顾客拿手机一扫，就能立马关注你的社交媒体账号，或者直接跳到在线预订的页面，方便得很。要是能和当地的网红或者有影响力的人合作，那就更棒了。比如让他们在直播里展示你的商品，或者在他们的社交媒体上提一提你的地摊，这样你的地摊很快就能火起来。

发布内容的时候，别忘了分享一些实用的小技巧，比如怎么挑选好吃的水果，或者夏日防晒的小秘诀。这些内容不仅能够吸引顾客，还能让顾客觉得你的地摊很专业，值得信赖。

最后，记得定期看看社交媒体和即时通信工具的数据分析，这些数据能告诉你顾客喜欢什么，不喜欢什么，帮助你调整营销策略，从而将地摊做得更好。

通过这些简单实用的小策略，你的地摊就能在社交媒体上吸引更多的顾客，生意自然也会越来越旺。不仅有效地提升地摊的市场竞争力，为顾客提供更加丰富和便捷的购物体验，同时也为地摊带来可观的客流和销售业绩。

地摊虽小，但在数字化营销的加持下，也能释放出巨大的能量。以下是一些实用的数字营销实操技巧，帮助你的地摊生意更上一层楼。

首先，不少地摊经营者通过社交媒体分享日常，从进货到摆摊，再到与顾客的互动，用真实的故事吸引了一大波粉丝。同时，利用微信小程序开设线上小店，让顾客能够在线浏览商品，甚至预约定制服务，这样的创新尝试，让地摊经营不再局限于街头巷尾。

然而，数字营销也伴随着风险。在使用社交媒体和即时通信工具时，保护顾客隐私至关重要。确保不泄露顾客的敏感信息，并且在发布内容时避免引起争议，建立顾客信任，是长久经营的基石。

其次，持续学习和适应新技术同样重要。社交媒体和即时通信工具不断推陈出新，地摊经营者需要紧跟潮流，不断学习如何利用新功能来提升顾客体验。无论是微信的新功能，还是流行的直播方式，只要善加利用，都能成为你营销的利器。

运用这些实操技巧，你的地摊能在数字化浪潮中展现新活力。关键在于用心经营，智慧分析市场需求，策略性地采取行动。这样，你的地摊不仅能够顺应数字化营销的趋势，还能在竞争激烈的市场中独树一帜，开拓出自己的成功之路。

一触即达：移动支付更便捷

● ● ●

支付方式的演变一直是商业活动进步的重要标志。从最早的以物易物到货币交易，再到现在的电子支付，每一次变革都极大地促进了商业的便捷性和经济的流动性。在唐代，随着贸易的发展，出现了"飞钱"这一创新的支付手段，它不仅解决了携带大量金属货币带来的不便，还提高了交易的安全性。

"飞钱"通过票据的形式，允许商人在不同地区之间转移资金，而无须物理移动货币本身，这在当时是一项重大的金融创新，极大地促进了商业的繁荣和经济的发展。如今，随着移动支付的普及，我们似乎又回到了"一触即达"的便捷交易时代，但其背后的技术和影响力已不可同日而语。

"飞钱"是一种早期的金融工具，特别是随着丝绸之路贸易的兴起，商人们面临着携带大量金属货币进行长途交易的不便与风险。为了解决这一问题，"飞钱"便应运而生，它允许商人们在不同地区之间转移资金，而无须实际携带大量货币。

"飞钱"的运作基于信用和票据系统。商人将一定数量的金属货币存入某个地方的金融机构，然后获得一张票据，即"飞钱"。这张票据可以在其他地区的同一金融机构兑换成等值的金属货币。这种方式极大地方便了长途贸易，减少了运输货币的风险和成本。

"飞钱"对古代商业的影响是深远的。首先，它促进了地区间的贸易往来，使得商品可以更自由地流通。其次，"飞钱"的使用降低了交易成本，提高了资金的使用效率。最后，它还推动了金融业务的发展，为后来的金融创新奠定了基础。在唐代，飞钱的使用尤为广泛，它不仅体现了当时社会对金融工具的需求，也反映了古代中国在金融领域的先进发展。"飞钱"的出现，无疑是古代商业贸易和经济发展史上的一次重要创新。

而如今，移动支付技术的发展，可以算得上现代科技送给我们的一份大礼。

移动支付的诞生，最初是通过短信验证码来实现的，它虽然简单，但用起来不够方便。随着智能手机的普及，各种移动支付应用（App）开始出现在我们的生活中，它们有着直观的用户界面，让支付变得更加简单和快捷。而近场通信（NFC）技术的应用，更是让移动支付的速度和安全性得到了质的飞跃。现在，我们甚至可以通过指纹或面部识别来完成支付，这些技术的应用，让移动支付变得更加便捷和安全。

移动支付相较于传统的现金和银行卡支付，有着明显的优势。首先，它极大地方便了用户，出门可以不用携带现金或银行卡，只要有手机就能完成支付。其次，移动支付的安全性也在不断提升，通过加密技术和生物识别验证，使得交易更加安全。再次，移动支付的速度也非常快，交易过程可以在几秒钟内完成，大大提升了交易效率。最后，移动支付还为用户提供了更多的个性化选项，用户可以轻松管理自己的账户，查看交易记录，进行预算规划等。

总的来说，移动支付技术的发展，不仅为用户带来了便利，也为地摊经营者的终端支付提供了极大的便利。随着技术的不断进步，移动支付将会越来越普及，成为我们生活中不可或缺的一部分。

移动支付的普及使得资金流转更加便捷的同时，也伴随着一系列的风险与挑战。

一、安全风险

首先，欺诈行为是移动支付面临的主要安全问题之一。由于移动支付依赖于互联网，可能会有不法分子利用网络漏洞或者通过钓鱼网站等手段，诱骗用户泄露支付信息，进而实施诈骗。其次，隐私泄露也是移动支付的一大隐患。用户在使用移动支付时，其姓名、地址、银行账户等个人信息可能会被不当收集和使用，导致个人隐私受到侵犯。

为了应对这些安全风险，移动支付平台需要采取严格的安全措施，如使用加密技术保护用户数据，定期进行安全审计，以及提供风险提示和教育用户提高安全意识等。

二、技术挑战

对于地摊经营者来说，采用移动支付可能会遇到一些技术障碍。

首先，他们可能缺乏必要的技术知识，不了解如何设置和使用移动支付系统。此外，移动支付设备和软件的更新换代速度较快，地摊经营者需要不断学习和适应新技术，这对他们来说是一个挑战。

其次，网络覆盖和稳定性也是地摊经营者需要考虑的问题。在一些偏远地区或者人流密集的市场中，网络信号可能不稳定，影响移动支付的正常使用。为了解决这一问题，移动支付服务提供商需要加强基础设施建设，提高网络覆盖率和稳定性。

最后，地摊经营者还需要面对移动支付的兼容性问题。不同的移动支付平台之间可能存在技术壁垒，导致用户在使用时需要在多个平台之间切换，增加了操作的复杂性。为了提高用户体验，移动支付平台需要加强合作，实现技术互通和兼容。

总之，移动支付在为人们带来便利的同时，也面临着安全风险和技术挑战。只有通过不断的技术创新和完善安全措施，才能确保移动支付的健康发展。

对于地摊经营者来说，选择合适的移动支付平台，并通过培训与教育提升自身能力，也是关键。

一、选择合适的移动支付平台

在众多移动支付平台中做出选择，地摊经营者需要综合考虑多个因素。

首先，顾客的支付习惯是最重要的考量点。了解顾客群体的偏好，选择那些在目标顾客中广泛使用的支付方式，可以大大提高支付的便利性和顾客的满意度。

其次，成本与效益的平衡也不容忽视。不同的支付平台收费标准不一，地摊经营者需要仔细比较，选择费用合理且服务稳定的平台，以确保利润最大化。

再次，操作的简便性也是选择支付平台时需要考虑的重要因素。一个好的支付平台应具备简洁直观的用户界面，让地摊经营者和顾客都能快速上手，避免在支付环节浪费时间。

然后，安全性也是选择支付平台时必须考虑的问题。在享受移动支付便捷的同时，地摊经营者必须确保所选平台有足够的安全保障措施，以保护顾客的支付信息不被泄露。

最后，市场覆盖率、客户服务以及平台提供的额外功能，如交易数据分析、库存管理等，也是选择支付平台时需要考虑的因素。

二、培训与教育的重要性

选择出合适的移动支付平台后，地摊经营者需要通过培训与教育来提升自己的操作技能，确保能够熟练使用。基础知识培训是第一步，可以了解如何设置支付账户、生成收款码等移动支付的基本原理，这是地摊经营者必须掌握的基础知识。

第二步，通过官方教程或在线课程，学习具体的操作流程，包括如何处理交易、查看交易记录等是提升操作熟练度的关键。移动支付虽然便捷，但也存在安全风险。地摊经营者需要了解这些风险，并学习如何防范诈骗和保护顾客的支付信息。

第三步，掌握基本的故障排除技巧，比如网络连接问题、交易失败的处理等，可以在遇到问题时迅速解决，避免影响生意。随着移动支付技术和平台功能的不断更新，地摊经营者需要定期参加培训，保持知识的更新。

总之，选择合适的移动支付平台，并通过培训与教育提升自身能力，地摊经营者可以更专业地利用移动支付，提升顾客的支付体验，同时增强自身的竞争力。在这场数字化的变革中，地摊经营者的专业态度和对细节的关注，将是提升地摊经营业务水平、赢得顾客的关键。

第四章 ●

传统商道中的
经营法则

　　地摊经营者应像水一样灵活，根据市场环境的
变化，不断调整自己的市场定位。这要求经营者深
入分析自己的优势和劣势，了解目标顾客的需求和
偏好，以及竞争对手的策略和行动。

知己知彼，百战不殆

● ● ■

《孙子兵法》是中国古代著名的兵书，由春秋时期的军事家孙武所著，其深刻的战略思想跨越时空，对后世的军事、政治，乃至商业活动产生了深远影响。在现代商业竞争中，其原则被广泛应用于市场分析、竞争策略、风险管理等方面，显示出古代智慧在当代商业环境中的实用价值和指导意义。

孙武，亦称孙子，他的军事思想以"兵者，国之大事，死生之地，存亡之道，不可不察也"为核心，强调对战争的谨慎态度和对策略的深思熟虑。《孙子兵法》共有十三篇，内容涵盖了战争的各个方面，包括计、谋攻、形、势、九变和用间等，其核心原则包括"知己知彼，百战不殆"和"兵贵胜，不贵久"等，这些原则不仅适用于军事，也为现代商业竞争提供了策略指导。

地摊经济作为城市商业活动的一个独特组成部分，正处于一个充满挑战与机遇的转型期。地摊经营者不仅要面对日趋激烈的市场竞

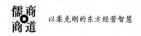

争，还需紧跟顾客需求的快速变化和技术革新的步伐。在追求经济效益的同时，还需遵守城市管理、卫生安全等方面的相关法规，并承担起社会责任，如环保、诚信经营等。在这场竞争中，如何脱颖而出，成为每个经营者必须面对的问题。

接下来，我们将探讨如何运用《孙子兵法》的智慧来应对这些挑战，将古代兵法的策略转化为现代市场竞争的利器。

地摊虽小，却是城市经济的毛细血管，承载着无数创业者的梦想。《孙子兵法》的"计篇"中提出的"五事七计"，为地摊经营者提供了一套实用的竞争策略工具，帮助他们在激烈的市场竞争中占据一席之地。

"五事"原则：

道（经营理念）：地摊经营的核心是建立起与顾客的共鸣。无论是提供最新鲜的水果，还是最独特的手工艺品，经营者需要确立自己的特色，以此吸引并留住顾客。

天（时机把握）：地摊经营者要对市场动态、节假日、周边活动等时机因素保持敏感，以此调整营业时间和商品种类，以迎合时代带来的商机。

地（地理位置）：选择一个人流量大、顾客容易停留的摊位位置，可以显著提升地摊的曝光度和销售额。

将（个人能力）：地摊经营者的个人魅力、沟通技巧和专业知识直接影响顾客的购买决策，因此，不断提升个人素质是增强竞争力的关键。

法（运营流程）：地摊虽小，但也需要一套有效的运营流程，包括库存管理、顾客服务、财务管理等，以提高运营效率。

"七计"原则：

主孰有道（领导者的愿景）：地摊经营者需要有清晰的经营目标和计划，能够根据市场变化灵活调整策略。

将孰有能（领导才能）：在快速变化的地摊市场中，经营者的决策能力和应变能力至关重要。

天地孰得（环境适应性）：地摊经营者要灵活地适应环境，如：应对环境变化，天气、季节性需求，以及政策环境等。

法令孰行（制度执行力）：即使是简单的规章制度，如顾客服务标准、商品摆放规范等，确保执行到位。

兵众孰强（团队协作）：即使是地摊，拥有一个有效协作的团队也是成功的关键，包括家庭成员或合作伙伴。

士卒孰练（员工培训）：定期对团队成员进行培训，提升他们的销售技巧和服务意识。

赏罚孰明（激励机制）：建立公平的奖励机制，激励团队成员提供更优质的服务。

除了"五事七计"，在地摊经济的激烈竞争中，"知己知彼，百战不殆"也是一句战略格言，是经营者智慧的体现。它要求深入理解顾客的需求，全面掌握竞争对手的动向，并敏锐地捕捉市场的最新趋势。

地摊经营者通过日常的交易互动，积极地倾听顾客的声音，了解他们对商品种类、价格和服务的偏好。这种直接的沟通为经营者提供了宝贵的第一手信息。同时，利用社交媒体平台进行在线调查，收集顾客的反馈和建议，可以进一步拓宽信息来源，让顾客参与到商品选择和服务改进的过程中来。

地摊经营者还可以通过观察竞争对手的商品结构、促销手段和顾客反应，发现市场上的空白点，制定出与众不同的经营策略，从而在竞争中占据先机。通过这些细致入微的市场调研策略，可以在保持成本效率的同时，提供符合顾客期望的商品和服务，从而在竞争中获得优势。

在《孙子兵法》的"虚实篇"中，孙子提出了"兵形象水"的著名原则，即军队的部署和行动应像水一样灵活多变，能够根据地形的变化而变化。这一原则对于地摊经营者进行市场定位同样具有重要的启示意义。

地摊经营者应像水一样灵活，根据市场环境的变化，不断调整自己的市场定位。这要求经营者深入分析自己的优势和劣势，了解目标顾客的需求和偏好，以及竞争对手的策略和行动。在此基础上，经营者可以确定自己的核心竞争力，找到自己的市场定位。

市场细分是地摊经营者找到自己"蓝海"的重要手段。通过市场细分，经营者可以将广阔的市场划分为一个个小的细分市场，每个细分市场都有其独特的需求和特征。经营者可以选择一个或几个与自己优势相匹配的细分市场，集中资源和精力，提供差异化的商品和服务，从而在这些细分市场中建立起竞争优势。例如，如果地摊经营者擅长制作手工艺品，可以选择专注于手工艺人的细分市场，提供独特的手工艺品；如果经营者对时尚潮流有敏锐的洞察力，可以选择专注于时尚潮人的细分市场，提供最时尚的商品。

通过精准的市场定位和市场细分，地摊经营者可以避免与竞争对手正面冲突，找到自己的"蓝海"，实现差异化竞争。这不仅能够提高经营者的竞争力，也能够为顾客提供更加个性化和满意的服务，实现经营者和顾客的双赢。

在《孙子兵法》的"谋攻篇"中，孙子提出了"以虞待不虞"的原则，这一原则强调了对突发事件的预见性和准备性。在地摊经营中，地摊经营者面临着市场变化、天气无常、政策调整等多种不确定性因素，如何"以虞待不虞"，即通过预见和准备来应对不确定性，是确保经营稳定的关键。

地摊经营者需要建立灵活的经营策略，以应对市场的不断变化。首先，通过市场调研和顾客反馈，经营者可以及时了解市场动态，预见潜在风险，并据此调整商品结构和营销策略。其次，地摊经营者应保持库存的灵活性，避免过剩或短缺。利用现代库存管理系统，实时监控库存状态，根据销售数据和市场趋势，精准预测需求，及时调整库存量。

再次，多元化经营也是降低风险的有效手段。通过提供多样化的商品或服务，可以分散单一市场风险，增加收入来源。同时，建立良好的顾客关系，提高顾客忠诚度，也是降低市场波动影响的有效策略。

最后，地摊经营者应具备快速反应能力，对于突发事件能够迅速做出决策。这要求经营者具备一定的市场敏感度和应变能力，能够在面对不确定性时，快速调整经营策略，保持业务的连续性和稳定性。

通过这些灵活的策略，地摊经营者可以在不断变化的市场环境中，有效管理风险，确保经营的稳健和可持续发展。正如《孙子兵法》所言"以虞待不虞者胜"，只有做好充分的准备，才能在竞争中立于不败之地。

在《孙子兵法》的古老智慧中，我们看到了一种跨越时空的策略艺术。地摊虽小，却蕴含着无限的商业潜力和竞争智慧。通过深入理解顾客需求，精准定位市场，把握时机，选择有利的地理位置，提升个人能力，优化运营流程，不断创新适应市场变化，以及建立有效的风险管理机制，地摊经营者才能够在激烈的市场竞争中占据一席之地。

总结而言，《孙子兵法》为地摊经营者提供了一套全面的行动指南，帮助他们在变化莫测的市场中保持竞争力。地摊经营者若能深刻理解并灵活运用这些原则，就能在商业的江湖中游刃有余，创造出属于自己的辉煌。

以逸待劳的管理艺术

● ● ●

在商业策略的浩瀚星海中，"以逸待劳"犹如一颗历经沧桑却依旧璀璨的星。这一古代智慧强调以静制动、以小博大，其在现代地摊经济中的应用，展现了跨越时空的实用价值。我们要学会将这一古老原则灵活运用于当代商业实践，特别是地摊经济，以此提升经营效率和市场竞争力。

在交易方式上，古代商贾通过建立稳固的商业关系和信誉体系，降低了交易的不确定性和风险。他们不仅在本地市场上建立了良好的口碑，而且通过长期的合作关系，减少了为寻找新客户而必须投入的时间和精力。这种基于信任的商业模式，使得商贾们能够在一个相对稳定和可预测的环境中进行商业活动，从而节省了大量的成本。

古代商贾还通过创新的金融服务来实现"以逸待劳"。例如，票号的设立为商贾们提供了便捷的货币存储和汇兑服务，极大地促进了商业资金的流转和长途贸易的发展。同时，"飞钱"的使用减少了商贾们在货币运输上的风险和劳动，他们可以更专注于商业本身，而不是货币的安全运输。

古代商贾在商业宣传上亦显其智。他们不单凭物质招揽，而是借力节日庆典等文化活动，以低成本营造吸引人的商业氛围。通过这种方式，古代商家以经济的投入获得了顾客流量和销售额的显著增长，体现了以小博大的商业智慧。

古代商贾的这些做法，不仅在当时取得了巨大的成功，而且为现代商业管理提供了宝贵的经验。在现代地摊经济中，古代商贾们的智慧依然具有重要的启示作用，尤其是在如何以有限的资源实现商业运作的最大化方面。

现代地摊经济作为一种灵活的商业模式，虽然具有门槛低、成本少等优势，但地摊经营者在市场和运营方面同样面临着不少挑战。首先，市场竞争激烈，地摊经营者需要在众多同质化的摊位中脱颖而出，这要求他们具备独特的商品或服务以吸引顾客。其次，地摊经济受天气、季节和政策等外部因素的影响较大，经营者需要具备快速应对变化的能力。最后，地摊经营者还需面对资金周转、商品库存管理和顾客服务等方面的日常运营挑战。

在这样的背景下，"以逸待劳"的原则为地摊经营者提供了一种应对策略。"以逸待劳"强调的是通过策略性的规划和准备，减少不必要的劳动和资源消耗，从而在竞争中占据优势。在现代地摊经济中，这一原则的适用性体现在以下几个方面：

精准定位：地摊经营者可以通过市场调研，了解顾客需求，提供符合市场定位的商品，减少盲目性，以吸引目标顾客群体。

创新营销：运用创意营销手段，如社交媒体宣传、特色活动等，以较低的成本提高知名度和吸引力，实现"不战而屈人之兵"的效果。

灵活应变：面对市场的不确定性，地摊经营者可以采取灵活的经营策略，如调整营业时间、引入季节性商品等，以更好应对外部变化。

优化资源：通过有效的库存管理和供应链合作，减少过剩和浪费，确保资源的合理利用，以提高经营效率。

顾客关系：建立稳固的顾客关系，通过口碑传播和回头客的维护，减少营销成本，实现长期的客户忠诚。

综上所述，"以逸待劳"的原则在现代地摊经济中具有显著的适用性和潜在优势，能够帮助地摊经营者在激烈的市场竞争中以更少的劳动和资源投入，获取更大的经济效益。

地摊经营者要想在激烈的市场竞争中实现"以逸待劳"，关键在于创新服务模式和提升顾客体验。

以下是几个创新应用的策略：

首先，地摊经营者可以通过优化商品组合来减少不必要的劳动。通过分析销售数据，识别出哪些商品更受欢迎，从而精简商品种类，专注于那些利润高、周转快的商品。这样不仅可以减少库存积压，还能提高资金的流动性，让经营者能够将精力集中在更有潜力的商品上。

其次，引入快速制作技术对于食品类地摊尤为重要。通过使用快速烹饪设备或预制半成品，经营者可以大幅缩短顾客等待时间，提高服务效率。这种方法不仅提升了顾客体验，还增加了单位时间内的交易量，提高了经营效率。

再次，设置自助服务区可以显著减少人力成本。对于简单的商品，如饮料或小饰品，顾客可以自行选择并通过移动支付结账。这种自助服务模式不仅提高了交易效率，也适应了现代消费者对便捷性的需求。

此外，定期轮换商品也是提升经营效率的重要策略。地摊经营者需要保持对市场动态的敏感性，根据季节变化和消费者偏好及时调整商品结构。通过定期更新商品，不仅可以吸引回头客，还能减少过时商品的积压。

然后，提供预约服务对于需求量大或制作耗时的商品非常有效。顾客可以提前下单，经营者按需准备，这样既减少了浪费，也提高了运营效率。预约服务还有助于经营者更好地规划时间和资源，确保在高峰时段能够满足顾客需求。

通过这些创新策略，地摊经营者可以在保持业务活力的同时，实现"以逸待劳"，提升经营效率和顾客满意度，从而在竞争中获得优势。这些实践不仅有助于地摊经济的长期发展，也增强了经营者的市场竞争力。

在地摊经营中，顾客关系管理也是实现"以逸待劳"的重要途径。通过高效的顾客关系管理，地摊经营者可以建立起长期的顾客忠诚，从而减少为了吸引新顾客而进行的重复劳动和营销成本。

夜幕降临，华灯初上，熙熙攘攘的人群中，老顾客小张在李阿姨的地摊前徘徊，眉头紧锁。他的目光在摊位上的各种手工艺品间游移，似乎在寻找着什么。李阿姨注意到了小张的犹豫，便上前去招呼，微笑着询问："小张，今天在找什么特别的东西吗？"

小张叹了口气，说："李阿姨，我有个朋友快过生日了，我想找一件传统工艺品送给他，但一直没找到合适的。"李阿姨点了点头，她知道小张对朋友很重视，也了解他对手工艺品的喜爱。

几天后，李阿姨特意为小张留了一件木雕——一只精致的木雕雄鹰，展翅欲飞的姿态栩栩如生。她给小张发了一条微信："小张，我这里到了一件新作品，你可能会喜欢。"

小张收到消息后，立刻赶到了地摊。当他看到那件木雕时，眼中闪过惊喜的光芒。"这就是我一直在找的！"他兴奋地说。李阿姨笑着递给他木雕，小张小心翼翼地接过，内心很是感激。

生日当天，小张将这份精心挑选的礼物送给了他的朋友。朋友对这份心意赞不绝口，拿到后迫不及待拍起了照片发到朋友圈，很快，朋友圈中很多人被李阿姨推荐的木雕雄鹰吸引，李阿姨的地摊因此获得了良好的口碑，吸引了更多的新顾客。

李阿姨的地摊故事，展现了"以逸待劳"的智慧。在细微处洞察顾客需求，以真诚之心提供贴心服务，巧妙控制经营成本，不仅赢得了顾客的信任，也为小本生意带来了意想不到的正面效应。

通过精细化财务管理和严格的成本控制，地摊经营者可以在资源有限的情况下实现最大化的经济效益，实现"以逸待劳"的经营策略，避免资源浪费，从而在激烈的市场竞争中保持优势。

首先，地摊经营者必须建立一套完善的财务管理体系。这包括但不限于每日的收入记录、支出跟踪和利润分析。通过详细记录每一笔交易，经营者可以清晰地了解资金流向，及时调整经营策略。例如，如果发现某个商品的销售额持续低迷，经营者可以减少该商品的库存，转而增加热销商品的采购，以此来优化资金的使用效率。

其次，预算规划是成本控制的核心。地摊经营者应该根据历史销售数据和市场趋势，制定合理的预算。这不仅包括商品采购预算，还应包括营销推广、摊位租赁和其他运营成本。通过预算规划，经营者可以预先控制成本，避免在生意淡季时资金链断裂。

再次，成本控制的关键在于细节管理。地摊经营者可以通过多种方式降低成本，如选择性价比高的供应商、采用团购或长期合作协议来降低采购成本，或者通过合理安排摊位位置和经营时间来减少租赁成本。同时，经营者还应该注重减少浪费，例如避免过度包装、合理利用空间以减少不必要的库存积压。

然后，地摊经营者还应该学会利用现代技术进行财务管理。例如，使用电子表格软件或财务管理应用程序来实现自动化的收入和支出的记录，不仅可以节省时间，还可以减少人为错误。通过这些工具，经营者可以快速生成财务报告，更好地监控财务状况。

最后，地摊经营者应该定期进行财务审查，评估预算执行情况和成本效益。通过对比实际支出与预算，经营者可以发现潜在的财务漏洞，并及时采取措施进行修正。这种定期的财务审查，有助于经营者持续优化财务管理，提高成本效益。

综上所述，这种策略不仅有助于提升地摊的竞争力，还能为经营者带来长期的稳定发展。"以逸待劳"这一古代智慧在现代地摊经营中的创新应用，将古代管理艺术与现代商业环境相结合，为地摊经济注入了新的活力，展现了跨时代智慧的实用价值和深远影响。这种融合传统与现代的经营哲学，无疑为地摊经济乃至更广泛的商业实践提供了宝贵的启示和指导。

因地制宜利用市场环境

● ● ●

　　地摊如同城市中的迷你剧场，每个摊位背后都承载着独特的故事与魅力。借鉴古代"因地制宜"的智慧，现代地摊经营者应巧妙地融合周边环境与文化特色，以此来塑造和提升自己的小生意。通过突出地域文化、融入社区生活，地摊不仅能吸引顾客，还能成为城市文化的一部分，为经营者带来差异化的竞争优势。

　　这就要求我们学会观察和理解自己的地摊所处的"舞台"。比如，如果你的地摊在一个大学城，你就得想想年轻人喜欢什么，需要什么。这样你卖的东西才能吸引他们，才能卖得好。

　　同时，我们还要了解这个地方的文化特点。每个地方都有自己的风俗习惯和文化特色，这些都可以成为地摊的一大亮点。比如，你可以卖一些带有当地文化元素的商品，或者提供一些符合当地文化特色的服务，比如提供一场简易的湖南皮影戏。这样不仅能让顾客感到新鲜和亲切，还能帮你的地摊在众多竞争对手中脱颖而出。通过这样的方式，我们的地摊才能更接地气，更受顾客欢迎。

地摊选址就像找房子，位置选对了，生意就成功了一半。地摊的地理位置直接关系到顾客的流量，近水楼台先得月，人流密集的地方，自然顾客就多。比如，学校门口、公园附近、小区旁边，这些地方每天都有大量的人经过，生意自然不会差。

但是，选址也不能只看人流量，还得考虑地方文化。比如，在一个传统文化氛围浓厚的地方，卖一些传统手工艺品或者当地特色小吃，可能会更受欢迎。而如果是在年轻人多的商业区，时尚饰品或者新奇的小玩意儿则更能吸引顾客的注意。

除了考虑人流量和地方文化以外，地摊位置还得和周围的商业环境相协调。比如，你不能在一家高档餐厅旁边卖廉价小吃，这样不仅会显得格格不入，还可能影响到你的生意。相反，如果你能在一排小吃摊中独树一帜，或者在一个安静的书吧旁边卖一些文艺的笔记本、明信片，这样就更能够吸引目标顾客。

在深入理解了"因地制宜"原则，并认识到地摊经济在促进地方文化传承和社会发展方面的潜力之后，我们接下来探讨如何通过商品与服务的地域性来提升地摊的竞争力。

一、根据地方特色选择商品

地摊经营者应深入研究所在地的文化背景和消费者偏好，选择与当地特色相契合的商品。例如，在以手工艺品闻名的地区，可以引入当地艺术家的作品，或与当地工匠合作，提供独一无二的手工艺品。

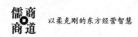

在旅游热点地区，可以销售具有地方特色的纪念品，如地标模型、特色小吃或地方特色文化衫。通过这样的商品选择，不仅能够吸引游客，还能增强当地居民的归属感。

二、地摊服务的本地化策略

服务本地化是提升顾客满意度和忠诚度的关键。地摊经营者应提供符合当地文化习惯的服务，如使用当地语言进行交流、了解并尊重当地的风俗习惯，或者在文化活动频繁的地区提供与文化活动相关的服务，如艺术展览的导览服务或地方戏剧的票务服务等。

三、利用地方特色进行商品创新

创新是地摊经济持续发展的动力。地摊经营者可以结合地方特色，开发创新商品。可以是将传统工艺与现代设计相结合的新产品，或是融合地方文化元素的创意商品。例如，结合地方特色图案设计的服饰配件、以地方故事为灵感的玩具或游戏，以及使用当地食材制作的新型食品。通过商品创新，不仅能提供独特的购物体验，还能推动地方文化的传播和创新。

除了上文所讲的，地摊经济的地域性营销策略对于提升地摊的竞争力也是至关重要的。如果能够通过与当地文化紧密结合，或者与社区的互动，不仅能增加销售额，也可以成为展示地方特色的便捷窗口。

在成都的宽窄巷子，有一家远近闻名的地摊，摊主是一位老太太，别人称她为李大娘。她的地摊以售卖地道的成都小吃——麻辣兔头而火出圈，成为游客和本地人心中一个小小的美食地标。

李大娘的地摊设在宽窄巷子的一棵老梧桐树下，这里曾是老成都的市井繁华之地，如今则成了游客体验成都文化的首选打卡地。李大娘穿着那件标志性的红色围裙，上面绣着一只活泼可爱的小白兔，很吸引人。

每逢周末或是节假日，李大娘的地摊前总是排着长队，她不仅会用流利的成都话和顾客们拉家常，还会用普通话为外地游客介绍成都的文化和历史。她的兔头选用的是本地农家散养的兔子，经过秘制香料腌制，佐以四川独有的麻辣调料调味，每一口都是对味蕾的极致挑战。

李大娘有多年经营地摊的经验，她知道要想在众多小吃摊中脱颖而出，不仅要靠味道，更要有文化元素加持。因此，她在地摊上摆放了许多关于成都文化的小册子，介绍成都的名胜古迹、传统节庆风俗和地道美食。她还会在特定的日子，如端午节和中秋节，推出与节日相关的特色小吃，比如咸鸭蛋或糍粑，让顾客在品尝美食的同时，也能感受到成都的传统节庆氛围。

除此之外，李大娘还会定期举办各种活动。比如，在夏天，她则会组织吃兔头比赛，胜者不仅能免费品尝兔头，还能获得李大娘亲手制作的四川泡菜。

李大娘用自己的方式，让每一个来到宽窄巷子的游客，都感受到成都的热情和魅力。而她的兔头，也成为成都小吃文化的一个缩影，让无数人记住了这个味道，也记住了成都。通过精准定位、产品特色和政策利用，李大娘在增加经济收入的同时，也为推广地域文化贡献了自己的力量。

不过，在地摊经济的微观世界里，每一分钱的流动都蕴含着大学问。摊主如何在成本与效益间找到黄金分割点，同时规避潜在风险呢？

接下来，让我们聚焦于两个关键点，探讨如何实现地摊经济的效益最大化和可持续发展。

地摊经济作为城市商业的毛细血管，其活力与政策环境息息相关。地摊经营者需具备对政策变化的敏感度，以及快速响应的能力，以确保经营策略与地方政策同步，从而在合法合规的前提下，充分利用政策带来的优势。

一、对政策的灵活应对

地摊经营者需密切关注地方政府的经济政策、城市管理规定、市场监管等政策，这些政策会直接影响地摊的经营模式和经营范围。例如，一些城市为了促进夜市经济，放宽了对夜市的管理，提供了更多夜间经营许可，地摊经营者可以利用这一政策，延长营业时间，增加夜间特色商品，以吸引消费者。

同时，环保政策的实施也对地摊经济产生了一定影响。许多城市鼓励减少塑料制品的使用，地摊经营者可以主动采用环保材料，如纸质或可降解的塑料包装，这样不仅响应政策号召，还能提升地摊的绿色形象，吸引环保意识较强的消费者。

此外，地方政府可能会推出一系列扶持小微企业和个体经营者的政策，如税收减免、创业补贴、免费培训等。地摊经营者可以通过积极地了解政策，在符合条件的情况下，主动申请相关扶持，降低经营成本，提高经营效率。

二、供应链的本地化与优化

地摊经济的供应链管理是确保商品质量和降低成本的关键。本地化供应链不仅可以减少物流成本，提高商品的新鲜度和及时性，还能加强与当地经济的联系，支持当地产业。

地摊经营者可以通过与当地农户、制造商或手工艺者建立合作，直接采购新鲜农产品、特色手工艺品等。这种采购方式减少了中间环节，降低了成本，同时保证了商品的质量和特色。

例如，地摊经营者可以与当地农场合作，销售应季水果和蔬菜，这些新鲜的农产品往往更受消费者欢迎。或者与当地艺术家合作，销售手工制作的饰品或家居装饰品，这些独特的手工艺品能够吸引追求个性化商品的消费者。

此外，地摊经营者还可以通过参与当地的市集或节日活动，与更多的本地供应商建立联系，拓宽采购渠道。在这些活动中，地摊不仅可以销售自己的商品，还可以了解市场动态，发现新的合作伙伴。

在供应链管理中，地摊经营者还需关注库存控制和需求预测。通过分析销售数据，预测不同季节和时段的消费者需求，合理规划库存，避免过剩或缺货。同时，采用灵活的补货策略，根据市场需求的变化，及时调整商品种类和数量。

总之，地摊经营者通过灵活应对政策导向，可以充分利用政策优势，提升经营效率。而通过优化本地供应链，可以降低成本，提高商品质量，支持当地产业发展。这些策略的实施，有助于地摊经济的可持续发展，提升地摊的市场竞争力。

地摊经济以其低成本、高灵活性的特点，为地方经济注入了活力。它不仅为低收入群体提供了就业机会，还促进了商品和服务的多样化，增加了地方经济的竞争力。地摊经济还带动了周边产业链的发展，如原材料供应、物流配送等，对地方经济的繁荣起到了积极作用。

地摊经济也成为地方文化的重要传播媒介。摊主们通过售卖具有地方特色的商品，如手工艺品、特色小吃等，向顾客展示了当地丰富的文化。通过履行社会责任和传承地方文化，地摊经济不仅提升了自身的品牌形象，也为社会的和谐与进步做出了贡献。

灵活地应对市场变化

•••

在商业竞争的历史长河中，古代商战策略以其独特的智慧和深远的影响，为现代商业实践提供了宝贵的启示。特别是在地摊经济这一微观而活跃的商业领域中，"因势利导"的策略思想更显得尤为重要。它不仅是一种商业技巧，更是一种顺应市场变化、把握商机的战略思维。

"因势利导"一词，源自古代兵法，意指根据敌情变化灵活调整战术，以达到取胜的目的。在现代地摊营销中，它被赋予了新的内涵：它要求地摊经营者敏锐洞察市场趋势，精准把握顾客需求，灵活应对竞争态势，从而在营销实践中实现创新和突破。

地摊营销主要问题有这么几个：首先，摆地摊的人太多了，所卖的货品也多有雷同，让顾客感到眼花缭乱，不知道该选哪一家。其次，很多地摊经营者不太会做广告，就是简单地吆喝几声，很难吸引到顾客的注意。最后，地摊的回头客不多，顾客买一次就走了，很难带来二次消费。

地摊经营者们要想做得好，必须学会因势利导，灵活应对市场变化。以下是地摊营销中因势利导策略的具体应用：

一、市场趋势的把握与利用

市场研究是地摊经营者把握消费者趋势的重要手段。通过观察和分析消费者的购买行为、偏好变化，以及社会流行趋势，地摊经营者可以及时调整商品结构和营销策略。例如，随着健康生活方式的流行，地摊经营者可以推出有机食品或者低糖低脂的小吃，满足消费者对健康饮食的需求。

举例来说，如果社交媒体上某种新型的街头小吃突然走红，地摊经营者可以迅速引入这种小吃，并结合自身的特色进行创新，通过限量供应或者特色包装来吸引顾客。同时，利用社交媒体平台进行宣传，吸引网红或者美食博主前来打卡，借助网络效应迅速提升知名度。

二、顾客行为的观察与适应

地摊经营者需要通过观察和分析顾客的购买行为，了解顾客的需求和偏好，从而调整营销策略。例如，如果发现顾客在购买小吃时更倾向于选择方便快捷的支付方式，地摊可以引入移动支付，提高交易效率，提升顾客体验。

三、竞争对手的分析与应对

在地摊市场中，竞争对手的分析同样重要。地摊经营者需要了解竞争对手的商品种类、价格策略、促销活动等信息，从而制订出有针对性的营销计划。例如，如果发现竞争对手的商品种类较为单一，地摊经营者可以引入多样化的商品，通过差异化竞争吸引顾客。

同时，地摊经营者还可以通过创新的方式来应对竞争。例如，开展跨界合作，与当地的文化活动或者节庆活动结合，打造独特的消费体验；或者利用数字化工具，如虚拟现实技术，为顾客提供沉浸式的购物体验。

四、社会文化因素的融合与创新

地摊营销要想取得成功，还需要充分融合社会文化因素。地摊经营者可以结合当地的文化特色，开发具有地域特色的商品，如地方特色的手工艺品、特色小吃等，满足消费者对文化体验的需求。

同时，地摊营销还可以通过创新的方式，将文化元素融入营销活动中。例如，在传统节日期间，地摊可以推出与节日相关的主题商品，如春节的对联、灯笼等；或者在地摊设计中融入地方文化元素，如使用地方特色的图案、色彩等，提升地摊的文化内涵和吸引力。

总之，因势利导在地摊营销中的应用，要求地摊经营者具备敏锐的市场洞察力和创新思维。通过把握市场趋势、观察顾客行为、分析竞争对手以及融合社会文化因素，地摊经营者可以制定出有针对性的营销策略，从而在激烈的市场竞争中脱颖而出，实现可持续发展。

而地摊营销创新的成功与否往往取决"因势利导"原则的适用性和执行的精准度。以下是对几个成功和失败的地摊营销创新案例的分析，希望对你有所启发。

案例故事一：文化主题地摊

在西安的古街上，小李的地摊位于古街的中心位置，周围是古老的建筑和石板路，街道两旁是一排排的红灯笼和飘扬的旌旗。他的摊位设计得非常考究，使用传统的木质结构搭建，上面覆盖着青瓦，与周围的古建筑相得益彰。摊位的外围装饰着手工编织的中国结和流苏，营造出一种温馨而又古朴的氛围。

摊位上的商品琳琅满目，每一件都经过小李的精心设计和挑选。兵马俑模型被摆放在特制的展示架上，每个模型旁边都配有一个小牌子，上面用中英文详细介绍了兵马俑的历史背景和制作工艺。仿古铜镜则被悬挂在摊位的内侧，镜面反射着温暖的阳光，映照出古街的景色，仿佛穿越了时空。

每当有顾客对某个商品感兴趣时，小李就会停下手中的活计，热情地向顾客介绍。他不仅讲述商品的制作过程，还会结合西安的历史文化，讲述与之相关的传说和故事。比如，他会告诉顾客，这个仿古铜镜的图案灵感来源于唐代的一幅名画，那个兵马俑模型的原型是一位英勇的将军。他的话语中充满了对历史文化的热爱和尊重，让顾客在购买的同时，也能感受到一种文化的传承。

小李非常注重顾客的体验感。他经常会邀请顾客参与一些简单的手工制作，比如捏制一个小的兵马俑模型，或者尝试用古代的铸造技术制作一枚铜镜。这些互动活动不仅增加了顾客的参与感，也让他们在体验中更深刻地理解了中国传统文化。

小李还会利用社交媒体平台，如微博和抖音，定期发布自己的商品信息和文化故事，吸引了大量的粉丝关注。他还开设了线上商店，让无法亲临现场的顾客也能购买到他的手工艺品。通过线上和线下的结合，小李的文化主题地摊不仅在古街上独树一帜，更成为传播西安历史文化的重要窗口。

地摊营销的创新不仅在于商品本身，更在于如何将商品与文化、故事相结合，创造出独特的购物体验。通过不断学习和实践，地摊经营者可以优化自己的营销策略，提高地摊的竞争力和盈利能力。

案例故事二：模仿型地摊

在小李摊位的隔壁，摊主张伟的地摊生意却陷入了困境。他原本以为，只要模仿小李那些受欢迎的文化主题商品，自己也能赚个盆满钵满，但现实却给了他一记响亮的耳光。

张伟的摊位上，那些兵马俑模型和仿古铜镜，虽然外观上与小李摊位的相差无几，却少了那份精雕细琢和文化韵味。张伟没有深入挖掘西安的历史文化，也没有将这些元素以新颖的方式融入商品设计中。结果，他的商品在众多摊位中显得平淡无奇，无法吸引顾客的目光。顾客们对这些"山寨"商品并不买账，他的摊位逐渐变得冷冷清清。

在地摊经济中，同质化竞争是一个致命的陷阱。张伟的地摊，由于缺乏独特性，很快就被市场淘汰。他的商品与小李摊位的商品几乎没有区别，但他只是简单地模仿了小李的成功模式，而没有考虑到顾客可能对具有创新性和文化深度的商品更感兴趣。这种对顾客需求的忽视，导致了他的商品无法满足市场的需求。

如果要改善这种状况，张伟需要采取一些措施。首先，他需要进行深入的市场调研，了解顾客的需求和偏好。其次，他需要开发具有独特性的本地文化商品，这些商品应该能够反映西安的文化特色，同时具有创新性。再次，他还需要考虑降低商品的价格，以吸引更多的顾客。最后，他可以尝试通过社交媒体和线上商店来扩大自己的市场，吸引更多的顾客。

盲目模仿他人的成功模式并不是一个可靠的策略。在地摊经济中，创新和对本地市场的深入了解是成功的关键。只有通过创新和深入了解本地文化，才能在地摊经济的浪潮中乘风破浪，脱颖而出。要想在地摊经济中立足，就必须有自己的特色和创新，而不是盲目模仿他人。

地摊经营者在营销创新中应持有的思维方式是积极主动、灵活应变的。他们需要持续学习市场知识，紧跟消费者偏好的变化，敢于尝试新颖的营销手段。面对挑战和失败，经营者应展现出坚韧和适应性，从经验中学习，不断优化自身的营销实践。

　　总结来说，地摊营销创新的核心在于服务、体验和文化的综合创新。通过创新，地摊不仅能够提升自身的市场竞争力，更能增强顾客的忠诚度，实现可持续发展。地摊虽小，但通过创新可以释放出巨大的潜力，成为城市文化的重要组成部分，为顾客提供更加多元和丰富的消费体验。

利用网络拓宽渠道

●●●

互联网为地摊经济打开了一扇大门，让小生意也能拥有广阔的舞台。这使得地摊不再局限于街边的一角，而是能够触达网络上的每一个角落。通过这扇门，你的商品可以被更多人发现，你的叫卖声可以传得更远。这不仅意味着更多的顾客和更好的销量，还意味着你能更精准地把握顾客的喜好，让地摊生意更加兴旺。简而言之，互联网为地摊经营者带来了无限可能。

对于地摊经营者来说，社交媒体基础营销是一种成本低廉却极其有效的推广方式。以下是一些实用的步骤，帮助地摊经营者通过社交媒体发布和更新商品信息，以增强与顾客的互动并提升销售额。

一、拍摄技巧：利用视觉语言讲述商品故事

拍摄商品照片时，不仅要展示其外观，还要捕捉其独特之处。使用高质量相机，选择自然光线充足的环境，避免使用闪光灯造成的不自然效果。尝试从不同角度拍摄，包括近距离的细节特写和能够展示商品全貌的广角镜头。如果可能，可以通过视觉语言讲述商品的故事，比如它的制作工艺、设计灵感，甚至如何与地摊文化相结合。这样的视觉叙述能够增加商品的吸引力，让顾客认识到商品的价值。

二、文案编写：打造亲切感

在社交媒体上发布内容时，文案同样重要。用温馨的问候开始，比如"你好，亲爱的朋友们"，接着用简单直白的语言描述商品，减少较为晦涩的行业术语，力求让每个人都能理解。也可以分享一些关于商品的趣闻轶事，比如它的来源、制作过程中的小插曲，或者是顾客的正面反馈。最后，以一个明确的行动号召结束，鼓励顾客前来体验或购买，比如："别错过这个周末的特别优惠，快来找我们吧！"

三、发布时机：抓住高峰时段

选择正确的时间发布内容至关重要。通常人们在早晨醒来、午餐时间和晚上下班后更有可能浏览社交媒体。利用这些高峰时段发布更新的内容，可以提高内容的可见度。同时，注意观察哪些类型的内容在哪些时间段更受欢迎，据此调整发布策略。保持一定的发布频率，避免让顾客等待太久或感到信息过载。

四、互动加强：建立顾客关系

社交媒体的互动性是其最大的优势之一。及时回复顾客的评论和私信，让他们感到被重视。鼓励顾客分享自己的体验，比如发布他们购买的商品照片，并附上对你的地摊的评价。这些用户生成的内容是非常宝贵的，可以作为口碑推广，吸引新顾客。此外，定期举办问答、小型竞赛或抽奖活动，增加顾客的参与感和忠诚度。

五、定期更新：保持新鲜感

内容的多样性和创新性能够保持顾客对地摊的兴趣。除了商品照片，还可以分享地摊的日常运营、幕后故事、团队成员介绍等。这些内容能够让顾客感受到地摊的人性化，建立起情感联系。同时，定期更新商品信息，展示新到货或即将推出的商品，激发顾客的好奇心和购买欲。

通过这些操作，地摊经营者可以更有效地利用社交媒体进行营销，提升地摊的知名度和吸引潜在顾客。记住，社交媒体营销是一个动态过程，需要不断地尝试、学习和优化。用心去经营你的社交媒体账号，就像你用心经营你的地摊一样，最终你会发现，这个小小的屏幕，也能成为你地摊生意的大舞台。

在地摊经营中，故事的力量也是不容小觑的。它能够跨越简单的买卖关系，与顾客建立情感上的联系。想象一下，一位顾客在浏览商品时，被一段简短的文字所吸引，文字讲述了这件手工艺品的起源，以及它如何从一个遥远小镇的工匠手中，带着当地文化的温度，来到这个地摊。这样的故事不仅为商品增添了深度，也让顾客的购买变得更加有意义。

要实现这样的故事营销，其实并不复杂。首先，留意地摊上发生的小趣事，比如一位常客每次光顾时的有趣对话，或是某个商品背后的创作灵感。这些都可以成为你与顾客分享的内容。

其次，对于每一件商品，思考它的独特之处，它可能来自哪里，背后有着怎样的故事。这些故事可以通过社交媒体的文字描述，或者直接在摊位上与顾客交流时讲述。

再次，为了让故事更加生动，可以结合图片来讲述。比如，拍摄一张手工编织的篮子照片，旁边附上文字："这篮子由村里的老工匠用传统手艺编织，每个篮子都独一无二。"这样的图文结合，不仅能够吸引顾客的注意，还能让他们感受到商品背后的文化和故事。

然后，可以设定一个固定的时间，比如每周的"故事日"，分享新的趣闻或商品故事。同时，鼓励顾客分享他们与地摊或商品的故事，这些用户生成的内容非常宝贵，能够提升地摊的信誉和吸引力。

最后，不要忘记节假日营销，比如，在春节期间可以分享地摊如何准备年货，或者讲述某个与春节相关商品的传统意义。这样的故事往往更容易引起顾客的共鸣，增加他们的参与感。

故事营销能够让顾客感受到地摊的温度，增加他们的忠诚度，从而在竞争激烈的市场中获得优势。一个好的故事能够让人记住，而一个能让人记住的地摊，其成功的可能性会大大增加。

在地摊生意中，网络安全也是个不容忽视的细节。它不仅关系到摊主的收入安全，还直接影响到顾客对摊主的信任。以下是一些专业的网络安全小贴士，帮助地摊经营者日常经营中更上一层楼。

首先，确保使用的支付平台采用了端到端加密技术。这种技术可以确保顾客的支付信息在传输过程中不被第三方截获，从而保护交易的安全。

其次，定期检查收款设备的物理安全。这包括确保二维码打印清晰、无遮挡，以及收款设备（如手机、平板电脑）没有损坏或遗失的风险。

再次，了解并实施一些基本的网络安全原则。比如，不在非官方渠道下载支付应用程序，避免使用未经验证的第三方支付工具。

然后，建立一套应急响应流程。一旦发现可疑交易或系统安全漏洞，立即采取措施，如冻结账户、联系支付服务提供商，并通知顾客。同时，考虑为地摊投保网络安全保险。这种保险可以在发生数据泄露或其他相关网络风险时，为咱们提供经济上的保障。

最后，定期进行网络安全培训。学会识别钓鱼邮件、不安全的网站链接，以及如何安全地处理顾客的支付信息。

通过这些专业的网络安全措施，地摊经营者不仅能保护自己的生意免受网络威胁，也能提升顾客的支付体验，赢得他们的信任和忠诚。在数字化的浪潮中，地摊虽小，但安全意识和专业能力却能帮地摊走得更远。

网络营销的海洋浩瀚无垠，而基础知识就是那罗盘，指引着我们向成功的彼岸航行。下面，就让我们一起探索如何学习网络营销的基础技能。

网络世界的变化一日千里，新的营销理念层出不穷。首先，通过阅读专业博客、订阅行业杂志，甚至是参加在线研讨会，我们可以不断吸收新鲜知识，保持自己的竞争力。

　　将学到的知识付诸实践，这是检验学习成果的最好方式。比如，如果掌握了一种新的社交媒体营销技巧，不妨在自己的摊位上小试牛刀。通过实践，我们可以更深刻地理解这些技巧，逐渐转化为自己的营销智慧。

　　其次，网络课程为我们提供了系统学习的机会。这些课程通常涵盖了从基础知识到高级技巧的各个方面，帮助我们构建起完整的网络营销知识体系。

　　再次，加入地摊经营者的交流群组，与同行们分享经验，学习他们的成功案例。这种交流不仅能带来新的灵感和创意，还能帮助地摊经营者建立起宝贵的同行网络。

　　最后，定期反思自己的营销实践，分析哪些方法有效，哪些不太行。这样的反思能帮助我们不断优化营销策略，提高营销效果。

　　通过这些方法，可以逐步提升自己的网络营销技能，让自己的地摊在市场中熠熠生辉。

货品流通与库存管理

● ● ●

　　"货如轮转"这个概念，用现在的话来说，就是让商品像车轮一样快速地流通起来。在古代，商人们很早就懂得了这个道理，他们知道货物不能在仓库里积灰尘，要不停地卖出去，再进货，这样生意才能持续兴旺，资金才能流动起来，不会停滞不前。

　　在现代商业里，这个道理同样适用。不管是网上开店还是街头摆摊，都要让商品流转得快，紧跟顾客的喜好和市场的变化。这样不仅能减少存货带来的成本和风险，还能让顾客随时买到新鲜、合心意的商品。简单来说，就是商品要卖得快，更新得勤，这样才能让生意活起来，让顾客满意，让利润滚滚而来。

　　古代丝绸之路作为贸易流通的典范，不仅加速了商品的交换，更是文化和知识交流的桥梁。它告诉我们，通过构建跨地域的贸易网络，可以促进不同文明之间的相互理解和融合，为现代商业全球化提供了历史借鉴。

现代商业可以从古代贸易流通的智慧中汲取灵感，通过建立广泛的贸易联系、优化商品流转流程，以及创造充满活力的市场环境，来提升商业效率和顾客满意度。比如"货如轮转"的商业策略，至今仍对现代商业活动具有重要的指导意义，帮助商家在快速变化的市场中保持竞争力。

古代的商人们可聪明了，他们知道季节变化对做生意有大影响。比如，在农作物丰收的时候，他们会大量买进粮食，等到冬天或者收成不好的时候，再卖出去，这样就能赚到差价。这种跟着季节走的办法，让他们的生意像四季一样循环往复，生生不息。

而且，古代的商人还特别会算，他们知道货物不能在仓库里积压太久，要像轮子一样不停地转起来。他们想出了很多办法让货物卖得快。比如，他们会把货物直接从产地运到市场，减少中间环节；或者在市场里大声吆喝，吸引顾客过来买东西。

除此之外，商贩们还会用各种招数让货物快速卖出去。他们不仅会叫卖，还会让顾客先尝尝食品的味道，或者让他们摸摸布料的质感。这样一来，顾客觉得满意了，货物自然就卖得快。他们还懂得分散风险，不会把所有的鸡蛋放在一个篮子里。他们从不同的地方进货，卖不同的东西，这样即使某种货物不好卖，其他的货物还能赚钱。现代的商家也可以通过了解顾客的需要，把握好时机，让货物快速卖出去，生意自然就能做得风生水起。

对于地摊这样的小本经营来说，要想更好地实践"货如轮转"，做好库存管理是很关键的因素。现代地摊经营面临的一个主要挑战就是需求的不确定性。顾客的口味和需求变化快，今天的畅销货可能明天就无人问津。因此，地摊经营者得学会如何准确预测哪些商品会受欢迎，以此来控制库存，减少积压。比如，通过社交媒体了解当前流行趋势，或者通过日常销售记录来分析哪些商品更受顾客青睐。此外，还可以采用小批量、频繁补货的策略，以减少库存风险。在供应链管理方面，同样可以借鉴古代"货如轮转"的智慧，通过与当地供应商建立良好的合作关系，实现快速补货。这样，即使某样商品卖得快，也能迅速补充，保证不断货。同时，地摊经营者还可以利用现代技术来优化库存管理。比如，使用手机 App 来跟踪库存量，或者通过在线支付平台了解销售情况，从而更灵活地调整库存。

不过，在库存管理上还面临着一些挑战，比如如何在短时间内处理季节性商品，或者如何应对突发的市场变化。这时候，就需要更加机智地调节，比如通过打折促销、捆绑销售等方式，快速清理库存，回笼资金。

总的来说，地摊商家要想在库存管理上做得好，就得学会如何紧跟市场步伐，灵活调整策略。只有这样，才能在保证商品多样性的同时，有效控制库存，减少浪费，让生意更加红火。

在地摊经济中，实现商品的快速流转对于经营者来说至关重要。如何用"货如轮转"提升经营效率、增加利润呢？李师傅就特别有经验。

春节一到，庙会上的摊主们纷纷摆出了各式各样的灯笼，但李师傅的摊位却格外抢眼。他不仅灯笼做得漂亮，而且有自己的心得。

"往年我也就是随大流，结果春节一过完，剩下的灯笼就卖不动了。"李师傅回忆道。今年的春节，他玩了点新花样——提前在网上晒灯笼的设计图，让网友们投票选出最喜欢的款式。这一招不仅在网上引起了热议，还让他提前收到了一大批预订单。

"这样我心里就有数了，知道大概要做多少灯笼，不会做多了浪费。"李师傅笑着说。他还给提前下单的顾客准备了小礼物，比如手写的春联，或者是定制的生肖图案，这些小细节让顾客感到特别贴心。

春节那天，李师傅的摊位前早早就排起了长队，大家都等着拿自己预订的灯笼。而那些没预订的，看到这么热闹，也忍不住要买上几个。春节一过，李师傅摊位上的灯笼几乎一个不剩。原来，他早就和周边的咖啡馆、餐馆打好了招呼，把剩下的灯笼都卖给了他们作装饰。

"这样既没浪费，又让灯笼继续发挥作用。"李师傅乐呵呵地说。即使是小小的地摊，只要用对了方法，也能在激烈的市场竞争中赢得一席之地。

吴姐的便民杂货摊做得也非常好。她的摊位不大，但摆满了社区居民日常所需的各种商品，从新鲜的蔬菜到实用的小家电，每一样都是吴姐精心挑选的。吴姐的摊上，最吸引人的就是她的"每日特价"活动。比如，她发现社区居民对健康食品越来越感兴趣，就特意进了一些有机蔬菜，每周三定为"有机蔬菜日"，价格比超市里便宜不少，居民们每到这天就纷纷前来采购。

而到了周末，吴姐的"清仓大甩卖"更是吸引了众多顾客。她会把一些库存较多的商品以优惠的价格出售，比如，一款热销的电热水壶，周末特价就能让居民以低于市场的价格买到。这样的清仓活动不仅让居民得到了实惠，也让吴姐的库存流转了起来，资金也活了。

吴姐还有个妙招，就是利用微信群发布每日的特价信息。她建了一个"吴姐杂货摊"的微信群，每天一大早就把当天的特价商品拍照发到群里，居民们一看到信息，就知道今天吴姐摊上有什么好东西了，纷纷前来选购。吴姐用自己的细心和热情，让这个小小的地摊成为社区生活中不可或缺的一部分，也让自己的小生意越做越红火。

我们可以看到通过精心的经营策略和贴心的服务技巧，完全可以赢得顾客的心。地摊经营者要想实现库存的高效管理，可以采取以下一系列策略和技巧：

一、节日主题营销：利用各种传统节日的契机，设计和推广与之相关的主题商品，借助节日的喜庆氛围来吸引顾客，提高销量。这种营销方式能够激发顾客的购买欲望，同时也能为地摊带来节日期间的销售高峰。

二、预售和预订系统：通过预售和预订系统，地摊经营者可以提前了解顾客的购买意向，从而更准确地预测销量，减少库存积压的风险。这种方式有助于经营者合理安排生产和进货计划，避免过剩或短缺的情况发生。

三、多样化产品线：提供多样化的产品，以满足不同顾客的需求。同时，定期更新商品，保持商品的新鲜感，激发顾客的持续购买兴趣。多样化的产品线可以增加顾客的选择范围，提高顾客满意度。

四、限量版产品：推出限量版产品，增加产品的独特性和吸引力。限量版产品能够激发顾客的紧迫感，提高其购买意愿。同时，限量版产品也能够提升地摊的品牌形象，树立独特的市场定位。

五、节日后的销售策略：在节日过后，通过打折促销、捆绑销售或商品转型等方式，处理剩余库存。这些策略可以延长商品的销售周期，实现商品的持续销售，减少库存积压。

六、数据分析：利用销售数据、库存数据等进行深入分析，了解商品的销售情况和库存状态。通过数据分析，可以发现销售的热点和冷点，及时调整商品结构和营销策略。数据分析为地摊经营者提供了科学的决策依据。

七、库存预警系统：建立库存预警系统，对库存量进行实时监控。当库存达到预警线时，及时采取措施，如促销、降价等，以避免库存积压。库存预警系统有助于经营者及时发现问题，快速做出反应。

八、多渠道销售：除了地摊销售，还可以利用电商平台、社交媒体等多渠道进行销售。多渠道销售可以扩大商品的覆盖范围，提高销售量。同时，多渠道销售也有助于分散风险，提高经营的稳定性。

　　通过这些策略和技巧，地摊经营者可以有效地管理库存，提高资金周转率，降低经营风险。地摊经济的活力在于它的灵活性和创新性，即便是小规模的地摊也能够在市场中找到自己的位置，实现"货如轮转"。

　　"货如轮转"这个古老的商业智慧，意味着商品流通的高效率和顾客需求的快速响应。在这样的良性循环中，地摊不仅能够保持活力，还能为城市带来独特的文化氛围和经济活力。希望每一位摊主都能把握机遇，不断探索，为城市的繁荣贡献自己的一份力量。

第五章 ●

传统商道中的
宣传智慧

在古代中国，商家通常用招幌来吸引顾客，它就是古代版的广告牌。招幌反映出当时的文化和艺术水平，可以说是一种很有艺术感的宣传方式。

口碑相传：构建长期信任

●●●

一个好的口碑可以成为商家最宝贵的资产，帮助他们在竞争激烈的市场中获得优势，同时也为他们的产品和服务赢得消费者的信任和忠诚。因此，口碑在现代地摊营销中的作用也是十分关键的，其专业性和策略性对于口碑的建立至关重要。

一、口碑与信任构建的策略性

在消费者面临选择困难时，口碑作为一种社会认同的形式，能够迅速打破其犹豫心态，加速购买决策。地摊通过鼓励满意度高的顾客分享他们的正面反馈，可以有效地构建起品牌的信任度。这种基于第三方推荐的信任建立，是口碑营销的核心优势，也是地摊在激烈的市场竞争中脱颖而出的关键。

二、口碑对顾客忠诚度的长期影响

顾客忠诚度是衡量品牌成功的重要指标，而口碑营销在培养和维护顾客忠诚度方面发挥着重要作用。通过提供优质的产品和服务，地摊能够激发顾客的满意度，进而促使他们进行复购和推荐。这种基于顾客满意度的自然传播，不仅为地摊带来了稳定的收入流，而且通过顾客的社交网络，实现了品牌信息的低成本、高效率传播。

三、口碑在品牌差异化中的核心作用

在同质化竞争激烈的市场中，口碑营销是地摊实现品牌差异化的有效手段。顾客的正面评价往往聚焦于地摊的独特卖点，如创新性、个性化服务或高性价比等，这些差异化因素是地摊建立竞争优势的关键。通过口碑传播，地摊能够在潜在顾客心中塑造独特的品牌形象，吸引那些寻求特定价值主张的消费者。

此外，口碑营销利用现有顾客的自然推荐行为，减少了传统广告的高昂成本，同时通过顾客的社交网络，实现了品牌信息的快速传播和广泛覆盖。

在古代商业中，口碑传播的力量同样能够帮助商家建立信誉，促进商品和服务的流通。在没有现代广告媒介的古代，口碑是最直接、最有效的宣传方式。

案例故事一

在唐代的长安城中，有一家名为"老孙家"的药铺，其声名远播，成为人们心中的"神医"和"神药"，这家店的老板就是唐代著名的医学家孙思邈。孙思邈不仅医术高明，更以其仁心仁术著称，常为贫困患者慷慨解囊，免费施药，因此深受人们的敬重与爱戴。

孙思邈的药铺坐落在长安城的繁华街道上，门前车水马龙，人流如

织。药铺的门面不大，但布置得十分精致，门前挂着一块金字招牌，上书"老孙家药铺"五个大字，熠熠生辉。走进药铺，一股淡淡的药香扑鼻而来，沁人心脾。药铺内摆放着一排排药柜，上面整齐地摆放着各种药材，琳琅满目，令人目不暇接。

孙思邈医术精湛，尤其擅长治疗疑难杂症。他常常亲自为患者把脉问诊，对症下药，疗效显著。他对待患者和蔼可亲，耐心细致，总是不厌其烦地询问患者的病情，给予悉心的指导和关怀。患者经过他的治疗，病情都大为好转，甚至痊愈，因此对他感激涕零。

通过病患的口口相传，许多外地的患者也慕名而来，求医问药。孙思邈总是来者不拒，一视同仁，尽心尽力为患者诊治。他不仅被后人尊称为"药王"，在医学上的成就和贡献更是对后世产生了深远的影响。

案例故事二

在明末清初的杭州，市集的早晨，阳光透过薄雾，洒在张小泉的摊位上。摊位上摆放着各式各样的剪刀，从小巧的绣花剪到大型的裁缝剪，每一把都闪耀着银光。小月来到他的摊位前，很快被一套精致的嫁妆剪刀吸引。张小泉微笑着递给她一把剪刀，让她感受剪刀的手感和锋利程度。

接着，她举起剪刀，对准布料上的折痕，轻轻地剪了下去。剪刀划过布料时几乎没有阻力，只听见细微而连续的"唰唰"声。片刻间，一块整齐的布料便从剪刀下分离出来，切口平整，没有一丝毛边，这真让她喜出望外。

这时，刘大娘也来到了摊位前。她半信半疑地接过小月手中的剪刀，边看着手中的剪刀边说："张师傅，剪刀虽好，但我更看重的是耐用。我要买一把，如果一个月内有问题，你得给我换新的。"张小泉毫不犹豫地答应了："刘大娘，我对我的剪刀有信心，一个月内有任何问题，我都给您换新的。"

一个月后，刘大娘带着那把剪刀来找张小泉。她高兴地说："张师傅，这剪刀真是好，我用它剪了无数次，还是锋利如初。我要再买几套，送给我即将出嫁的侄女。"张小泉不仅以精湛的工艺和高品质的产品赢得了顾客的信任，更以真诚的态度和对承诺的坚守赢得了人们的尊敬，口碑极高。

张小泉的剪刀摊，以其卓越的品质和诚信的服务，成了临安城的传奇。每一位顾客都满意而归，这无不印证了他对工艺的执着追求，也赢得了顾客深深地信赖。张小泉的经营之道，不仅体现了对传统工艺的传承，更是对商业诚信的生动诠释。

接着，我们讲讲口碑营销在现代地摊经济中的作用，其实，口碑营销的作用是多维度的，它不仅能够提升品牌信任度，增加品牌曝光度，激励复购与推荐，还是成本效益优化、品牌形象塑造、差异化竞争以及获取市场反馈的关键。那么，地摊经营者该如何通过顾客评价这一维度去维护和提升口碑，从而有效提升市场竞争力呢？

一、个性化体验

根据顾客评价提供个性化服务。例如，如果顾客评价中提到喜欢某种口味或风格的商品，地摊可以为这类顾客提供更个性化的选择，从而提升顾客满意度和忠诚度。

二、现场互动

在地摊现场举办小型互动活动，如抽奖或问答，鼓励顾客参与并分享他们的体验。这种现场互动不仅能增加顾客的参与感，还能通过他们的分享吸引更多潜在顾客。

三、利用顾客故事

将顾客的评价转化为生动的故事，通过地摊的社交媒体或宣传材料进行传播。这种方式能够增加地摊的情感吸引力，让顾客感受到他们的评价被重视。

四、顾客评价墙

创建一个"顾客评价墙"，展示顾客的正面评价和照片。这种视觉展示能够增强地摊的社交证明，吸引路过的顾客。

五、顾客评价反馈

对于顾客的评价，无论是正面的还是负面的，都应给予及时的反馈。这种积极的互动能够展示地摊经营者的专业性和对顾客意见的重视。

六、顾客评价的可视化

将顾客的评价通过图表、信息图等形式进行可视化展示，使复杂的数据变得易于理解和记忆，增加顾客评价的吸引力。

总之，口碑营销是地摊经营者提升知名度和市场竞争力的重要工具。通过创新的策略和方法，地摊能够充分利用顾客评价，实现品牌的快速成长和市场的持续拓展。

视觉营销：设计凸显个性

除了口碑营销的策略，还有一点不能忽视，就是视觉营销在古代中国，商家用招幌来吸引顾客，它就像是古代版的广告牌。这些招幌挂在店铺门口最显眼的地方，用漂亮的图案和醒目的颜色让人一眼就能注意到。招幌不仅用来告诉大家这家店卖什么，它的设计还特别讲究，反映出当时的文化和艺术水平，可以说是一种很有艺术感的宣传方式。

招幌就如同现代地摊的设计，想象一下，你正漫步在热闹的夜市，一排排摊位在你面前展开，就像一幅五彩斑斓的画卷。那么，是什么让你停下脚步，又是什么让你决定走近某个摊位呢？答案很可能是那些摊位设计得十分抢眼。好的摊位设计会让你眼前一亮，无论是色彩鲜艳的遮阳伞、闪烁的LED灯，还是那些创意十足的摊位装饰，都能让人们驻足，忍不住想要一探究竟。

而且每个地摊能通过这些装饰展现自己独特的个性和故事，无论是摊位的布局、摊主的着装，还是商品的包装，都传递着与众不同的品牌信息。一个有个性的视觉设计，能够让顾客记住你的摊位，甚至成为你的忠实粉丝。它就像是地摊的名片，让顾客一看就知道。

夜幕降临，华灯初上，你走进一个人声鼎沸的夜市。眼前是一排排闪烁着温暖灯光的地摊，而那些摊位上，挂着一些特别醒目的招牌，有的画着古代的山水画，有的绣着五彩斑斓的凤凰，还有的用书法写着飘逸的诗词。这些就是从古代招幌艺术中汲取灵感后的现代演绎。

这些带有古代元素的招牌，不仅是装饰，它们还讲述着一个个小故事，让顾客在挑选商品的同时，也能感受到一种文化的韵味。比如，一个卖传统手工艺品的摊位，它的招牌上画着古代工匠制作陶器的场景，让人一看就知道这个摊位的特色。

古代招幌能吸引人，靠的就是那鲜艳的颜色和独特的设计。现代地摊也用这一招，用大胆的颜色搭配和创意的造型设计，让自己的招牌在众多摊位中脱颖而出。比如，一家卖复古服饰的摊位，摊位前站着一个穿着古代服饰的美女，给人感觉很赏心悦目。

这就是视觉设计的魅力——它能让地摊在众多摊位中脱颖而出，就像给地摊穿上了一件花枝招展的衣服。

以下是视觉设计在地摊营销中的几个作用。

一、个性化设计，让地摊有了自己的"面孔"

每个地摊都有自己的特色，就像每个人都有自己的面孔一样。通过个性化的视觉设计，能让地摊在顾客心中留下深刻的印象。比如，卖复古服装的地摊可能会用上一些老式的图案和字体，让顾客一看就知道这里的服装有"那个味儿"。

二、互动体验，让顾客成为故事的一部分

现在的顾客不仅想买到东西，更想在买东西的过程中有所互动。地摊通过视觉设计创造互动体验，比如用大屏幕播放商品的制作过程，或者设计一些顾客可以参与的游戏，都能让顾客感到新鲜和有趣。这种互动不仅让顾客更愿意在地摊上花时间，也让他们更愿意掏腰包。

三、技术融合，让地摊"活"起来

现代技术的应用，让地摊的视觉展示更加生动和有趣。比如，用上一些移动的灯光，让地摊在晚上也能光彩夺目；或者用数字屏幕展示商品信息，让顾客一目了然。这些技术的应用，不仅让地摊看起来更时尚，也让顾客的购物体验更加便捷和舒适。

总的来说，视觉设计就像是地摊的"魔法师"，它通过个性化的设计、互动体验和技术融合，让地摊变得既好看又好玩。这样的地摊，不仅能够吸引顾客的目光，更能够赢得他们的心，成为街头巷尾的一道亮丽风景。

在现代地摊经济中，视觉设计不仅是一种装饰，更是一种强有力的沟通工具，能够讲述故事、传递情感，并且直接影响顾客的购买决策。以下是几个通过视觉设计取得成功的地摊案例，看看我们可以从中学到的哪些宝贵经验。

案例故事一："老街故事"复古饰品摊

在繁忙的夜市中，"老街故事"以其独特的复古魅力吸引着顾客。摊位的设计灵感来源于老街的风貌，使用复古的木质招牌和做旧的金属装饰，营造出一种时光倒流的感觉。摊位上，老式收音机和黑白电视机作为装饰，不仅展示了复古饰品，也讲述了一个个关于老街的怀旧故事。这种主题性设计让顾客在挑选饰品的同时，也能感受到一种文化的传承。摊主巧妙地将复古元素与现代审美相结合，使得"老街故事"成为夜市中的一个亮点，吸引了大量喜爱复古文化的顾客，从而有效地提升了销售量和品牌忠诚度。

案例故事二："绿色田园"有机蔬菜摊

"绿色田园"的摊位一看就让人心情舒畅，用木头架子和绿植加以装扮，简单又自然，摊主用的都是环保材料搭的摊位，很符合现代人追求的绿色生活。摊位上水灵灵的蔬菜和水果，都整整齐齐地码放在用回收木头做的架子上。旁边是一筐筐有机农产品，每个上面都贴着小卡片，告诉顾客这菜是怎么种出来的，富含哪些元素，吃它对身体有什么好处，这种展示让人买得放心。摊主还特别热心地告诉顾客，怎么搭配吃着更营养、更健康。这样一来，顾客不仅买到了新鲜菜，还学到了关于蔬菜的知识，所以"绿色田园"不光是个卖菜的地摊，也是健康生活的小顾问。

案例故事三："潮流前线"时尚服饰摊

"潮流前线"的设计十分有现代感，摊主利用LED屏幕展示最新的时尚趋势和模特走秀视频，为顾客提供了一场视觉盛宴。每一套搭配旁边都有二维码，顾客扫描后可以直接在手机上查看商品详情并支付购买，这种线上与线下结合的购物方式极大地方便了顾客。此外，摊位还设置了触摸屏让顾客可以自己搭配服饰，体验成为时尚设计师的乐趣。这种高科技的视觉展示和互动体验，让"潮流前线"摊位前的人络绎不绝。

案例故事四："小城味道"地方小吃摊

"小城味道"的设计充满了地方特色，使用传统的装饰元素和方言标识，让顾客在品尝小吃的同时，也能感受到地方文化的独特魅力。摊位上挂着红灯笼和地方特色小吃的图片，营造出一种节日的氛围。摊主穿着传统的服饰，用地道的方言招揽顾客，让人倍感亲切。在做小吃的过程中，摊主会向顾客介绍每一种小吃的历史或者工艺。此外，摊主还提供礼盒包装，方便顾客将小吃作为礼物送给亲朋好友。

从这些案例中，我们可以提炼出几个可供参考和复制的视觉设计元素：

主题性设计：围绕一个明确的主题进行设计，易与顾客产生共鸣。

色彩与材质：选择与主题相匹配的色彩和材质，增强摊位的吸引力。

互动元素：设计互动游戏或活动，提升顾客的参与度。

现代技术：运用LED屏幕、数字标牌等技术，提升现代感和信息传递效率。

故事性营销：讲述品牌故事，增强顾客的情感共鸣。

环保意识：使用环保材料，体现社会责任，吸引有环保意识的顾客。

这些元素不仅能够提升地摊的吸引力，还能够增强顾客体验，促进销售，提升顾客忠诚度。地摊经营者可以将这些策略应用到自己的摊位设计中，以提升自身的市场竞争力。

总之，地摊虽小，但通过精心的视觉设计，也能展现出巨大的魅力。鼓励地摊经营者们大胆采用创新的视觉设计策略，融合古代招幌艺术的智慧，不仅能提升自身的品牌形象，更能在激烈的市场竞争中赢得顾客的心。

音频宣传：用音乐打造声音名片

● ● ●

在古代的市井生活中，音乐不仅是文化传承的载体，也是商业活动中的重要媒介。市井音乐以其独特的韵律和表现力，对商业活动产生了积极的影响，为商家与顾客之间的交流搭建了一座桥梁。

市井音乐的第一个作用是吸引顾客和活跃气氛。古代市井中的音乐，如同现代广告的先声，以其独有的旋律吸引着行人的注意。街头艺人的即兴弹唱，小贩们各具特色的叫卖调，都能迅速聚集人气，营造出一种欢快而热烈的购物氛围。这种氛围不仅令人愉悦，也极大地促进了商品的销售。

古代的市井音乐，就像是现代商家的背景音乐，它不只是让人心情愉快，还能让顾客一听到某个旋律，就想到某个店铺，这是市井音乐的第二个作用。比如，一听到清脆的铃铛声，就知道是卖糖葫芦的来了；一听到悠扬的笛声，就知道茶馆开门迎客了。这种音乐就像是店铺的"声音商标"，让人一听就记住了。

现代的地摊经营者们，也可以学学古代人的智慧，用音乐来吸引顾客。不管是放些当地的民歌，还是用音响播放一些大家都熟悉的流行曲，都能增加地摊的人气。过节的时候，再来点有节日气氛的音乐，不仅增加了节日气氛，也能让地摊更加吸引人。

在现代地摊经济中，音乐依然是一种强有力的营销工具，通过创新和融合，可以为地摊经营增添无限活力和魅力。

以下是制定音频宣传策略的几个步骤。

一、市场调研与音乐策略

进行深入的市场调研制定音频宣传策略。调研应聚焦于目标顾客群体的特征，包括他们的年龄、性别、职业，以及他们对音乐的偏好。了解顾客在不同时间段对音乐的不同需求，比如早晨可能更喜欢活力四射的音乐，而晚上则可能更倾向于轻松舒缓的旋律。基于调研结果，构建一个多元化的音乐库，涵盖各种风格、语言和节奏，以满足不同顾客的口味。同时，还要考虑到季节性和时效性等因素，如在圣诞节播放与圣诞节相关的音乐，在情人节推出情歌特辑，以增强节日氛围，吸引顾客的注意力。

二、音频内容创作与技术实施

制作有创意的叫卖录音，是提升地摊吸引力的重要手段。叫卖录音的文案应简洁有力，能够快速传达商品的主要卖点和促销信息。选择具有感染力的声音进行录音，使声音成为吸引顾客的一大亮点。在录音中加入适当的音效，如掌声、笑声等，可以增强音频的吸引力，提升顾客的购物体验。同时，选择高质量的音频播放设备，确保音质清晰，续航能力强，并适应户外环境。合理布局音箱位置，确保声场均匀覆盖，提高顾客的听觉享受。利用社交媒体平台进行数字营销，分享地摊的音乐和叫卖录音，吸引线上流量，扩大地摊的在线影响力。

三、持续优化与法律合规

建立一个持续的顾客反馈收集和分析机制，对于优化音频宣传策略至关重要。通过设置意见箱、在线调查问卷或社交媒体互动等方式，收集顾客对音乐选择、音量大小、播放时间等方面的反馈。同时，分析销售数据和社交媒体互动数据，评估音频宣传对销售和顾客体验的影响。根据这些数据，不断调整和优化音频宣传的策略，使其更加符合顾客的期望。而且要确保所有使用的音乐都拥有合法授权，避免因版权问题而引发的法律风险。在音乐库的构建过程中，应选择那些版权清晰、授权范围明确的歌曲。同时，定期对音乐库进行版权审核和更新，确保音频宣传的合法性。

地摊经营者可以通过创意音频宣传来提升人气，就像在古代的市井文化中，街头巷尾的叫卖声是吸引顾客的古老而有效的方式一样。录制一段有个性的叫卖声，可以是搞笑的、温馨的，或者使用流行的网络语言，让顾客一听就能记住你的地摊。这样的叫卖声不仅能够吸引顾客的注意，还能成为地摊的一张"声音名片"。

音乐的节奏对于营造地摊氛围至关重要。快节奏的音乐能够激发能量和活力，吸引顾客的注意力；而慢节奏的音乐则能够营造出一种放松和愉悦的购物体验。还可以准备一些简单的打击乐器，让顾客在等待的时候也能享受打鼓的乐趣。这种互动不仅能让顾客更愿意在地摊旁多待一会儿，还能让他们的购物体验更加愉快和难忘。

此外，地摊还可以利用现代音频技术，如环绕声系统和定向音响技术，让声音更加立体和逼真。顾客在地摊附近就能听到清晰的产品介绍或者音乐，而远离地摊的地方则不会被打扰，这样既能吸引目标顾客，又不会对其他人造成干扰。

如果地摊卖的是手工艺品，还可以录制一段介绍产品背后故事的音频。这样，顾客在挑选商品的同时，也能了解到这些手工艺品的文化和制作过程，增加他们对商品的兴趣。这种故事性的宣传不仅能够提升商品的文化价值，还能让顾客感受到地摊的专业性，从而提高他们的购买意愿。

声音是一种强大的营销工具，用得好就能让顾客记住、爱上你的地摊。这种宣传方式不仅成本低廉，而且效果显著，值得每个地摊经营者尝试和探索。只要用心去做，相信一定能够取得良好的效果，让地摊的生意更加兴隆。

坚守质量：酒香不怕巷子深

●●●

　　"酒香不怕巷子深"这句俚语，是古代中国商业智慧的结晶，它传递的是一种即便在不显眼的角落，优秀品质也能赢得认可的自信。在古代文化中，这句话体现了一种对卓越的内在价值的尊重和推崇。

　　在古代，酒家多藏于深巷，若非酒香扑鼻，难以为人所知。然而，正是这股酒香，成为最好的广告，不需惹眼的招牌和大声的吆喝，酒的香气就是最直接、最有力的宣传。它吸引着行人驻足，引领着酒客前来品尝，这是一种对产品自身品质的极致信任。

　　这种信任源自酒家对酒质的不懈追求。在古代，酿酒是一种技艺，一门艺术。酒家深知，只有选用上等原料，经过精心酿造，才能酿出香气四溢、口感醇厚的美酒。这份对品质的坚持，是"酒香"能够远扬的根本。

　　在现代地摊营销中，这一理念同样适用。产品的品质是立足市场的根本，无论营销策略多么高明，如果没有过硬的产品作为支撑，最终也难以赢得顾客的长期信任和忠诚。因此，应该将精力集中在提升产品品质上，确保产品能够满足甚至超越顾客的期望。

产品的品质是最好的营销工具。在信息传播如此迅速的今天，一个好的产品能够通过顾客的口碑迅速传播开来，这种基于真实体验的推荐，比任何广告都更有说服力。因此，应该重视每一位顾客的评价和反馈，不断改进产品，提升顾客满意度。

总之，"酒香不怕巷子深"这句俚语，是对产品内在价值的一种深刻认识和高度自信。它告诉我们，无论时代如何变迁，优秀的产品品质始终是赢得市场的最重要因素。

有一家名叫"陈记烤肉"的小地摊，它凭借自己的"酒香"，在当地人心中有着不可替代的地位。陈师傅是这个摊位的老板，已经五十多岁了。他在这里摆摊三十多年，个子不高，总是戴着一顶旧厨师帽，脸上挂着亲切的笑容。

夜幕一降临，陈师傅就在摊位上忙碌起来，开始准备肉串食材。陈记烤肉用的是当地农场的新鲜羊肉，加上陈师傅特制的香料，再用果木炭火烤得恰到好处。每一串肉都烤得外焦里嫩，香味扑鼻，让人吃了还想吃。

陈师傅不懂什么花哨的营销手段，他只知道用心做好吃的烤肉，让味道自己去说服顾客。他的摊位没有惹眼的招牌，也不做广告，但是那烤肉的香味总能飘得远远的，把过路人都吸引过来。每天夜晚，陈记烤肉的摊位前总是排着长队。

　　陈记烤肉的名声不仅在当地人中口口相传，就连外地游客甚至外国游客也纷纷慕名而来。他们中的许多人，都是听朋友的推荐，或是在网上看到美食博主的分享后，特意前来品尝这一口传说中的美味的。每当旅游旺季，陈记烤肉的摊位前总会多出许多背着旅行包、手持相机的游客。他们对陈师傅的烤肉赞不绝口，有的甚至会买上几串在回程的路上吃。

　　时间久了，陈师傅也会用简单的英语和手势与外国游客们交流，告诉他们烤肉的特别之处，还会推荐一些本地的其他美食和旅游景点。游客们被陈师傅的友好和热情所感染，常常会在摊位前与陈师傅聊上几句，拍几张照片。

　　陈记烤肉的故事，就是现代版的"酒香不怕巷子深"。它告诉我们，只要有真本事，做出好东西，就算不打广告，顾客也会自己找上门来。当然，更重要的是赢得顾客的信任，只有这样生意才能做得长久。

　　以下是打造高质量产品的几个方法。

一、深入洞察顾客需求，实现精准市场定位

　　在地摊经济中，了解顾客需求是成功经营的第一步。顾客需求不仅包括他们想要购买的商品类型，还包括他们对价格、品质、服务等方面的期望。地摊经营者需要通过细致的观察、深入的交流和有效的市场调研，洞察顾客的隐性需求和偏好。

　　例如，在学生聚集的地区，除了学习用品，还可以考虑销售流行饰品、时尚服饰或健康饮品。在居民区，除了日常生活必需品，还可

以提供便利食品、新鲜果蔬或家居软装用品。在旅游景点，可以销售具有地方特色的纪念品、手工艺品或特色小吃。

通过精准的市场定位，地摊经营者可以为特定的顾客群体提供他们真正需要和喜爱的产品，从而在众多竞争者中脱颖而出。同时，精准的市场定位也有助于经营者优化库存管理，减少库存过剩的风险。

二、坚守产品质量，持续推动产品创新

产品质量是地摊经营的基石。顾客可能因为价格低、外观好看而被初步吸引，但只有优质的产品才能让他们成为忠实的回头客。地摊经营者必须确保所售产品在安全性、耐用性、性能等方面达到高标准，甚至超越顾客的期望。

在保证质量的同时，地摊经营者还需要持续推动产品创新。这包括引入新产品、改进现有产品、提供个性化定制服务等。创新不仅可以提升顾客的购买兴趣，还可以帮助自己在激烈的市场竞争中保持领先优势。

例如，一家卖小吃的地摊，除了提供经典的口味，还可以定期推出新口味，如季节限定口味、地方特色口味等。一家卖服装的地摊，除了销售流行款式，还可以提供个性化定制服务，如定制图案、定制尺寸等。

通过坚守产品质量和持续推动产品创新，地摊经营者可以建立良好的品牌形象，赢得顾客的信任和忠诚。这不仅有助于提高顾客的购买频次，还可以通过口碑传播吸引更多的新顾客。

三、制定合理价格策略，强化产品价值传递

价格是影响顾客购买决策的重要因素。地摊经营者需要根据产品成本、顾客支付意愿和市场竞争状况来制定合理的价格策略。定价过高可能会吓跑顾客，定价过低则可能影响利润和品牌形象。

在制定价格策略时，地摊经营者需要考虑产品的独特价值和卖点。通过有效的沟通和营销手段，向顾客传递产品的独特价值。这有助于提升顾客对产品的认可度，使他们愿意为高品质和独特价值支付合理的价格。

通过制定合理的价格策略和强化产品价值传递，地摊经营者可以提升顾客的购买意愿，提高产品的附加值。这不仅有助于提高客单价，还可以通过差异化竞争在市场中脱颖而出。

在地摊经济中，构建"酒香"级产品并非易事，但通过深入洞察顾客需求、坚守产品质量、持续推动产品创新、制定合理的价格策略和强化产品价值传递，地摊经营者可以打造出具有强大市场竞争力的产品。这不仅能够吸引和留住顾客，还能在顾客心中建立起持久的良好口碑，为地摊的长期发展打下坚实基础。

同时，地摊经营者还需要关注市场动态，通过持续的努力和创新，适应不断变化的市场环境，创造出巨大的社会和经济价值。

第六章 ▪

传统风俗
与节日营销

　　在中国，每一个传统节日都有独特的节令食品，这些食品不仅是味蕾上的盛宴，更是文化传承的载体。随着时代的变迁，现代地摊经济为这些传统食品提供了新的展示平台。

传统节令：季节性策划

● ● ●

　　在中国古代，节气不仅是农业社会指导农事活动的重要依据，也是民间生活中不可或缺的文化现象。二十四节气，依序反映了一年四季的气候变化和农耕节奏，深深植根于中华民族的传统文化之中。随着时间的流转，节气文化逐渐融入商业贸易之中，成为古代商家把握市场、策划商品的重要参考。

　　在现代，地摊经济以其灵活性和便捷性，成为城市生活的一部分。地摊经营者们在传承古代节气文化的同时，也尝试将其融入现代商业实践中，以此吸引顾客，提升销售。通过对古代节气文化的现代解读和应用，地摊经济不仅能够为消费者提供与季节相符合的商品，还能够在激烈的市场竞争中找到自己的独特定位。通过对古代节气与现代地摊营销的深入分析，我们将揭示节气文化在地摊经济中的潜在价值，为地摊经营者提供有益的参考和启示。

　　中国的节气文化，是古人智慧的结晶，将一年划分为二十四个节气，每个节气都与自然现象、农事活动紧密相关。这一文化现象不仅深刻影响了中国的饮食、节庆和生活习惯，也蕴含着丰富的商业智慧。在古代市集，商人们根据节气变化调整商品，以满足人们对季节性商品的需求。这种顺应自然规律的商业实践，展现了古代商人对市场变化的敏锐洞察力和对消费者需求的深刻理解。

在现代地摊经济中，节气文化的传承与创新应用，为地摊经营者提供了新的市场机遇。在现代地摊经济中，通过结合节气特点策划商品，可以提升地摊的市场竞争力。我们将分析节气在现代地摊经济中的应用，提供策略建议，并以成功的案例展示节气商品的策划实践。

早在夏商时期，人们便开始根据日月星辰的变化来划分时间，逐渐形成了一套完整的节气体系。节气不仅是农业社会指导农事活动的重要工具，也是人们日常生活中的重要参考，它反映了中国古代人民对自然规律的深刻理解，蕴含着丰富的哲学思想和生活智慧。

在文化层面，节气与节日、民俗紧密相连，如春节、端午、中秋等传统节日均与特定节气相关。这些节日中的各种习俗和活动，如祭祀、食俗、游戏等，都与节气有着密切的联系，体现了人们对自然节气变化的尊重。

在古代商业活动中，节气同样扮演着重要角色。市集的繁荣往往与节气紧密相关，商贩们根据节气变化调整商品的种类和营销策略。如，在春季播种时节，市集上会出售种子和农具；而在秋季收获时节，会有更多的粮食和果实交易。

此外，节气还与古代的"市价"波动有着直接联系。商人们通过对节气变化的观察，预测市场需求，从而调整商品价格。这种基于节气的商业实践，不仅体现了商人们对市场供需关系的敏感性，也展现了他们对自然规律的尊重和利用。

这里分享几个古代商贩在特定节气的典型营销案例：春季是农耕的开始，商贩们在春分时节集中销售农具和种子。中秋节与秋季的收获时节相吻合，这时月饼就成了市场上的热销商品。商贩们会根据月饼的口味、包装和价格，制定相应的营销策略，吸引顾客购买。而在冬季，商贩们会在冬至等节气，根据顾客的需求和支付能力，提供不同材质和价格的衣服，以满足不同层次的市场需求。通过这些案例，我们可以看到古代商贩们不仅关注商品的质量和价格，更注重与节气文化的结合，通过创新的商业模式和营销策略，满足顾客的需求。

古代节气文化与商业实践的结合，为现代地摊经济提供了宝贵的经验和启示。接下来我们将进一步探讨现代地摊经济如何借鉴节气文化，进行季节性商品策划和市场营销，以提升竞争力和实现可持续发展。

现代消费者越来越追求个性化和体验式购物，节气文化为此提供了丰富的主题和故事，从而让地摊商品更具吸引力。例如，清明时节，地摊可以推出与踏青相关的户外用品；端午时节，可以销售手工制作的香囊和五彩绳；中秋时节，可以推出特色月饼和赏月用品；春节前夕，可以提供年货和节日装饰。

地摊上，季节性商品的策划，需要结合节气特点和顾客需求，进行细致的市场调研和精准的商品定位。以下提供几个关键点：

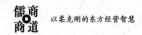

市场调研：了解目标顾客群体的节气消费习惯和偏好，收集反馈，调整商品结构。

商品选择：根据节气特点，选择应季商品，如夏季的凉扇、冬季的暖手宝等。

价格策略：考虑节气因素，制定合理的价格策略，如节日促销、季节性折扣等。

营销活动：设计节气主题的营销活动，如中秋赏月活动、春节年货节等，增加顾客参与感。

接下来，分享几个成功的节气商品策划实例。

案例故事一：春分时节的花卉地摊

春分，这个象征着万物复苏的节气，为李女士的花卉地摊带来了勃勃生机。她利用这个时机，精心布置了自己的摊位，远远望去她的地摊变成了一个充满春意的小花市。她精心挑选了代表春天的花卉，如嫩黄的迎春花、粉嫩的樱花枝，以及各种多肉植物，摆放成吸引眼球的花坛造型。

她利用清新的花香及和煦的春风，让路过的顾客都能感受到春日的温暖。为了满足顾客对个性化的追求，她还推出了"迎春花束"定制服务，顾客可以根据自己的喜好，选择花种、颜色和包装，甚至可以附上一张手写的卡片，表达自己的心意。

此外，李女士还特别设计了一系列与春天相关的小饰品，如花形发夹、植物图案的环保袋，以及花卉种子包，为她赢得了极高的人气。

案例故事二：冬季的暖冬用品地摊

冬天来了，小张的地摊也换上了新装。他摆出了一堆冬季必备好物，像软绵绵的羊毛围巾、可爱的充电暖手宝，还有复古风的热水袋。为了让顾客感受到温暖，小张的摊位上挂着暖黄色的小灯，角落里还放着一个装饰用的小火炉，让人一走近就暖和了不少。

小张做了一个"冬季温暖组合"的套餐，买围巾送暖手宝，价格还特别实惠。同时，他还做了一个抽奖活动，凡是买满一定金额的顾客都有机会抽到小礼品，这招吸引了不少人来试试手气。就这样，小张的东西卖得很好，顾客也都满载而归。他的这些小巧思让顾客在冷飕飕的冬天也感受到了一丝温情，小张的生意自然也就红火了起来。

通过这些案例，我们可以看到，现代地摊经济中的节气应用，不仅是一种文化传承，更是一种创新的商业模式。地摊经营者通过对节气文化的现代诠释和应用，可以更好提升销售业绩和顾客满意度。

在未来，随着消费者需求的不断变化和市场的不断演进，地摊经济仍需不断创新。通过持续学习和实践，地摊经营者可以把握时代脉搏，将节气文化的智慧转化为商业成功的策略，让地摊经济在现代社会中继续绽放光彩。

节令食品：讲出好故事

● ● ●

在中国，每一个传统节日都有独特的节令食品，这些食品不仅是味蕾上的盛宴，更是文化传承的载体。春节的饺子、端午的粽子、中秋的月饼……这些传统节令食品，承载着家的记忆，温暖着人们的心。

随着时代的变迁，现代地摊经济为这些传统食品提供了新的展示平台。地摊上的节令食品，不再是简单的老几样，而是在传统的基础上进行了创新，以适应现代人的口味和生活节奏。这不仅是对传统的致敬，更是对文化传承的一种探索。

让我们一起走进这个充满传统韵味和现代气息的世界，探索节令食品在现代地摊经济中的新生命，感受那些古老而又新鲜的味道，体验那些传统而又现代的故事。

中国的传统节日与节令食品密不可分，每个节日都有其特定的食品，这些食品往往与节日的起源、习俗或历史传说有关。例如，春节的饺子象征着财富和好运，因为其形状类似古代的金银财宝；端午节的粽子则是为了纪念爱国诗人屈原，屈原投入汨罗江的传说，让粽子成为端午节的象征。

而传统节令食品的制作工艺则世代相传，以月饼为例，其制作包括选料、和面、包馅、成型、烘烤等多个步骤，每一步都需要精细的工艺和严格的控制。这些精细制作流程不仅展现出高超的烹饪技术，也是对传统文化的传承。

中国地大物博，不同地区的节令食品也各具特色。如北方的饺子、南方的年糕、西北的手抓羊肉等，这些食品不仅反映了地方的饮食习惯，也体现了地方文化的独特魅力。

在接下来的内容中，我们将探讨现代地摊特色商品开发，以及如何将这些传统节令食品以创新的方式呈现给现代消费者。

一、对顾客需求，了如指掌

在节日的热闹氛围中，人们对于传统节令食品的期待不仅是味道，更是一种文化的体验和情感的寄托。地摊经营者要想让自己的传统节令食品脱颖而出，就得深入洞察顾客的细微需求，打造出既有传统韵味又符合现代口味的食品。

以中秋节的月饼为例，除了经典的莲蓉、五仁，还可以推出一些创新口味，如抹茶红豆、奶黄流心，甚至是结合西式甜点的芝士蛋糕味月饼。这些创新不仅能够吸引年轻顾客，还能为传统节日增添新鲜感。同时，通过精美的包装设计，让月饼成为传递节日祝福的佳品。

　　地摊经营者可以通过多种方式了解顾客需求。在节日来临之前，通过社交媒体发起关于节令食品的讨论，如"今年中秋，你最想尝试哪种新口味的月饼"，这样的问题不仅能够激发顾客的参与热情，还能收集到宝贵的市场信息。

　　在销售过程中，地摊经营者还可以开展试吃与节日习俗讲解等现场互动，增强顾客的购买体验，从而提升地摊的亲和力和影响力。

　　总之，通过深入了解顾客需求，结合传统节日的文化特色，地摊经营者可以打造出既有传统情怀又符合现代口味的传统节令食品，让顾客在每个节日都能感受到温馨和惊喜。

　　二、故事营销，让商品有温度

　　每一款传统节令食品，都蕴含着深厚的文化底蕴，有的还有动人的历史故事。以年糕为例，地摊经营者可以向顾客讲述年糕的由来，以及它在不同地区的特殊做法和寓意。比如，江南地区的年糕如何细腻，北方的年糕又如何筋道，每一种年糕都体现了地域的特色，反映了人民的生活，寄托了对生活的美好祝愿。

　　端午节时，地摊经营者不仅可以介绍粽子的口味和包裹方式，还可以讲述各地的不同习俗及屈原的历史故事。除此之外，地摊经营者可以制作一些小册子或传单，印上食品的历史故事作为赠品，让顾客带回家阅读，也是一件非常有意义的事情。

　　地摊上的传统节令食品，不再只是交易的商品，它成了文化传承的载体，情感交流的桥梁，通过它们，为顾客提供一次深入了解中国传统节日与习俗的机会。

三、时令食品包装，也能讲出好故事

如果包装做得妙，就很容易抓住路人的眼球。地摊食品用以下方式包装既省钱又吸引顾客。

首先，挑货时选择那些抢眼的包装，比如中秋节的月饼包装，别小看那盒子，它可是让顾客一眼就心动的关键。现在不少厂商都懂得包装得漂亮点，你直接拿这些货，省事儿又省心。

其次，给包装加点小心思。比如，绑根彩色丝带，或者塞张手写的祝福卡进去。这些小细节不费钱，但能让顾客觉得你特用心，买起来自然更乐意。如果你的地摊靠近学校或者小区，可以提供现场包装服务。很多人买节令食品是为了送人，包得漂亮点，他们肯定愿意多花钱。

最后，用那些好看的包装盒做个小装饰墙，或者挂起来当装饰。这样路过你摊位的人都会忍不住要多看两眼。通过将传统美食与现代消费者的需求相结合，地摊经营者能够为顾客提供既熟悉又新奇的购物体验。

这种结合了传统与现代、怀旧与创新的商品开发策略，不仅丰富了市场的多样性，也为传统节令食品注入了新的活力，让它们在当代社会继续扮演着重要角色。随着节日的更迭，地摊上的节令食品也在不断地讲述着新的故事，吸引着新一代的消费者，展现出传统文化在现代社会中的持久魅力和经济价值。

网络营销：线上结合线下

● ● ●

　　前文讲到古代商贾们在没有现代广告媒介的年代，依靠各种巧妙的方式吸引顾客，传播名声。他们利用响亮的叫卖声、醒目的招幌，甚至歌曲和故事来宣传自己的商品。这些传统方法在当时极为有效，因为它们能够直接与顾客建立情感联系，传递商品的独特价值。

　　将古代智慧应用到现代地摊，意味着要结合现代的传播工具，如社交媒体等网络平台，向更广泛的受众展示商品的独特之处，讲述商品的故事，同时也能够及时收到顾客的反馈，建立起更加紧密的顾客关系。

　　尽管宣传工具和渠道发生了变化，但有效宣传的核心原则——建立信任、传递价值、创造体验，依然未变。通过借鉴古代商贾的宣传智慧，现在的地摊经营者可以创造出更加生动和有吸引力的营销策略，从而在竞争激烈的市场中脱颖而出，赢得顾客的青睐。

　　比如，可以实施线上线下融合的宣传策略，通过线上做内容营销，可以在微信公众号发布深度文章，详细介绍手工艺品的制作流程、设计理念以及背后的文化意义，以此提升品牌的专业形象和市场认知度。同时，在短视频平台展示产品，增加互动。当然也可以通过发布制作手工艺品的幕后视频，展示工艺的复杂性和独特性，增加顾客对产品的认可和兴趣。

线下体验也十分重要。在地摊上，我们可以通过设置互动体验区，让顾客亲手体验制作过程，如编织、绘画或组装等活动，这种体验不仅能够提升顾客的满意度，还能促进口碑传播。

只要地摊经营者精心策划内容，创新体验方式，并有效管理顾客互动，就能够实现品牌传播和销售增长的双重目标，从而打破传统销售模式的局限，创造出全新的顾客价值和市场机会。

地摊要想在宣传上玩出更多的新花样，还要紧跟流行文化，把热点元素融入商品中。比如，把时下流行的动画片或者电影中的人物形象，做成一些相关的小挂件或者模型，这样就能吸引流行文化的爱好者们前来光顾。

与网红或者社交媒体上的意见领袖合作，也是一个不错的宣传手段。地摊经营者可以联系一些网红，支付给他们一定的佣金，请他们在直播或者视频中展示，这样通过网红的传播带货，进一步扩大了受众群体。

社交媒体上的互动活动，也是一个很好的宣传机会。地摊经营者可以在微信或者抖音上搞一些小活动，比如"晒单有奖"，鼓励顾客买完商品后，拍照发到朋友圈或者抖音，就可以从商家处领取一个小礼物。这样顾客的朋友就能看到，一传十，十传百，很快就能传开。

当然，做了这些活动后还需要留意顾客的反馈，看看哪些活动受欢迎，哪些作用不大。比如，可以通过阅读顾客的评论，或者直接询问顾客的意见，就能知道以后怎么改进，让自己的商品越来越受欢迎。

通过结合流行文化、与网红合作、做社交媒体活动，可以吸引更多顾客。

对于地摊经营者来说，其实并不需要复杂的工具或高深的分析，可以用一些简单而实用的方法监测和评估宣传效果，进一步来优化宣传。

社交媒体分析工具的选择与使用：利用平台自带的分析功能，比如微博的数据分析、抖音的后台管理等，查看帖子的观看数、点赞数、评论数和分享数。使用简单的计数器或笔记本记录每天的顾客数量和销售情况，与社交媒体活动相关联。

销售数据与顾客反馈的收集方法：每天结束时，记录下销售额、售出商品数量，以及哪些商品最受欢迎。或者直接与顾客交流，询问他们对商品的看法。

宣传效果的定量与定性分析：定量分析可以通过比较活动前后的销售额和顾客流量来进行。如果发现某个促销活动后销售额有所提升，说明宣传是有效的。定性分析则涉及顾客的反馈。顾客的正面评价、建议或投诉都是宝贵的信息，可以帮助地摊经营者了解宣传策略的接受度和影响力。

调整与优化：根据收集到的数据和反馈，调整宣传内容，比如增加顾客感兴趣的商品介绍，或者改变发布时间来吸引更多的在线关注人数。如果某种宣传方式效果不佳，比如某个视频的观看量很低，就需要考虑更换内容或者尝试不同的宣传手段。

接下来，分享一个成功的案例。

赵阿姨的地摊就是一个成功案例，她做的布艺玩具远近闻名。她是怎么做到的呢？这得从她用微信朋友圈说起。赵阿姨是个手巧的人，她做的布艺玩具不仅可爱，而且每个都有故事。她喜欢在微信朋友圈分享自己做玩具的过程，从选布料、裁剪到缝制，每一个步骤都拍成照片，再配上自己写的故事。

比如，她用一块旧棉布做了个小兔子，她会讲这块布是从她女儿小时候的裙子上裁下来的，小兔子的眼睛是用两颗旧纽扣缝上去的。朋友们觉得这些玩具和故事都特别有意思，就帮她转发。慢慢地，赵阿姨的布艺玩具就这样传开了，很多人都想来买。

赵阿姨还开始尝试直播。她在直播中不仅展示做玩具的过程，还和观众聊天，讲笑话，唱唱歌。观众看着她一针一线地缝制玩具，听着她讲故事，觉得很放松，也很享受。

很多家长会带着小朋友一起来，赵阿姨就在地摊上摆了几张小桌子，还准备了一些简单的材料，让顾客们可以坐下来慢慢挑选，有兴趣的也可以自己动手试一试。开设直播之后，赵阿姨还做起了网上预订的服务，顾客可以在网上预订玩具，然后到地摊上来取。这样，顾客不仅不用等，赵阿姨也有充足的时间提前准备好。

另外，她还会给这些预订的顾客准备一些小礼物，比如一张手写的感谢卡，或者一小包她自己做的小零食。赵阿姨的地摊，就像她做的布艺玩具一样，虽然简单，却充满了温暖。

赵阿姨的地摊能赢得顾客的心，很大程度上归功于她为商品带来的温暖。在她的微信朋友圈和抖音直播中，每一件手工艺品都有一个温馨的故事，让顾客感觉到购买的不仅是商品，更是一段美好的记忆，还能体验到一种手艺人的心血和对生活的热爱。赵阿姨的地摊，让买卖变得更有温度，让顾客在忙碌的生活里体会到了一丝归属感。

节日促销：结合庙会文化

● ● ●

　　春节，这个洋溢着喜悦与团圆气息的节日，不仅意味着家庭的欢聚，也是庙会的热闹集结。庙会作为春节庆祝活动的重要场所，不仅承载着丰富的文化底蕴，更是地摊经济的生动体现。摊主们以春节庙会为舞台，巧妙地将传统与创新相结合，通过精心规划的地摊经营策略，为节日增添了更多的色彩和活力。

　　地摊的选址首要考虑的是人流量。庙会的入口处、主要通道、靠近热门表演区或是特色小吃区的位置，都是地摊经营者争相选择的黄金地段。这些地点的共同特点是人流量大，能够为地摊带来源源不断的潜在顾客。然而，这些位置往往竞争激烈，地摊经营者需要提前规划，甚至需要支付较高的费用来确保能够占据有利位置。

　　除了选址，地摊的布局也是吸引顾客的关键。一个精心布置的地摊，不仅能够展示商品，还能够营造出一种吸引人的氛围。地摊经营者通常会将最吸引人的商品放在最显眼的位置，比如春节相关的装饰品、传统手工艺品或是应季的商品。此外，地摊的布局还应考虑到顾客的流动路线，确保顾客能够轻松地浏览所有商品，同时也方便地摊经营者进行商品的展示和交易。

在春节庙会上，地摊的装饰可不能小看。红色，这个节日里的主打色，不仅让人感到喜庆，还能给人带来好运，所以特别受欢迎。摊主们会用红布、红灯笼和春联这些传统的装饰品来点缀自己的小摊，于是整个摊位就充满了浓浓的年味。

当然，除了好看，摊位的清洁和整齐也很重要。一个干净整洁的地摊，不仅让人看着舒服，还能让顾客更愿意多待一会儿，多买点东西。所以，摊主们在忙着布置摊位的同时，也要注意保持摊位的卫生，让顾客在挑选商品时能有个愉快的体验。

在春节庙会中，有一个中年商人叫苏明，他的地摊位于庙会最热闹的地段，摊位上挂满了红灯笼和五彩的旗帜，一派节日的喜庆气氛。他的商品琳琅满目，从手工制作的丝绸灯笼到精致的木雕生肖饰品，每一件都充满了浓厚的节日气氛和深厚的文化意义。

苏明对于商品的定价也有自己的心得，他认为春节是传递祝福和喜悦的时刻，不应该让金钱成为交易的障碍。因此，他采用了一种"缘价"的方式。每当顾客对某件商品感兴趣时，苏明会邀请他们参与一个小游戏——投掷铜钱入陶罐。顾客投中的次数越多，商品的折扣就越大。这种方式不仅让顾客感到新奇和兴奋，更在无形中建立了一种信任和尊重的氛围。

有一天，一个衣着华丽的贵妇人来到苏明的地摊前，她的目光被一件精美的玉佩所吸引。贵妇人想要以高价购买，但苏明却坚持让她参与"缘价"游戏。贵妇人起初不悦，但在苏明的鼓励下，她尝试了几次，竟然连续投中。苏明微笑着，以一个意想不到的低价将玉佩卖给了她。贵妇人惊喜之余，也对苏明赞叹不已。

苏明的"缘价"游戏很快在长安城中传为佳话，成为春节庙会的一大亮点，还因此而名声大噪。然而，他并未因此满足，他知道要想在激烈的竞争中保持优势，必须采取更加有效的营销推广和顾客互动策略。

苏明首先利用春节庙会的传统文化活动来吸引顾客。他邀请了当地的书法家和画家，在地摊旁现场挥毫泼墨，为顾客定制春联和年画。这些活动不仅展示了艺术家的才华，也让顾客感受到了浓厚的文化氛围。顾客们在欣赏艺术的同时，也愿意为这些独一无二的作品买单。

为了进一步增加顾客的参与感，苏明精心策划了一系列互动游戏。他在地摊旁搭起了一个小型的擂台，举办了"诗词接龙"和"对对子"比赛，这些活动不仅考验了顾客的才智，也迎合了古代文人墨客的兴趣爱好。参与者们需要现场吟诵诗句或对出精妙的对子，优胜者不仅能获得地摊上的精美礼品，还能赢得周围观众的赞誉和尊敬。

顾客们在享受游戏的同时，也更加愿意在苏明的地摊上消费，因为他们在这里不仅能买到心仪的商品，还能体验到古代庙会的独特魅力和文化氛围。通过这些富有创意的互动游戏，苏明成功地将古代的传统习俗与现代的营销策略相结合，为顾客提供了一次难忘的春节庙会体验。

在春节庙会中，地摊经营者需要综合考虑人流量、商品展示、顾客体验和节日氛围等多个因素，通过精心的规划和布置，来吸引顾客、提升销售，并在激烈的市场竞争中脱颖而出。

随着科技的进步，庙会也在不断地创新。数字化的展示和互动体验的引入，让传统文化与现代科技完美结合，为游客带来了全新的感官享受。这种融合不仅让庙会更加生动有趣，也使得传统文化能够以更加现代的方式传承下去。

总之，春节庙会在现代街市中的影响是深远的。它不仅丰富了我们的文化生活，促进了经济的发展，还加强了社区的凝聚力，提升了城市的品牌形象。庙会的存在，让我们在快节奏的现代生活中，依然能够找到那份传统的温暖和家的归属感。

接下来，我们将深入了解古代庙会的商业活动，探讨现代地摊节日促销的策略，并讨论如何将古代智慧与现代实践相结合，以期为地摊经济注入新的活力，为节庆经济的发展提供新的思路。

庙会最初与宗教祭祀活动紧密相关，随着时间的推移，逐渐发展成为集宗教、文化、娱乐和商贸于一体的社会活动。庙会通常在特定的节日或神灵的诞辰日举行，吸引了大量的信徒和游客，形成了独特的社会现象。

庙会上的商业交易是其核心活动之一。商贩们会抓住这一商机，销售各种商品，从日常用品到节庆用品，从地方特产到手工艺品，可谓应有尽有。此外，庙会也是美食的聚集地，各种特色小吃，极大地满足了人们的味蕾需求。

除了商业交易，庙会还是文化活动的重要场所。那一天，各地的民间艺人齐聚庙会，展示才艺，如戏曲表演、杂技、舞狮等，这些文化活动为庙会增添了浓厚的文化氛围，也吸引了更多观众。

我们可以看到，古代庙会在商业活动、文化展示和社会交往方面的重要作用。古代庙会与现代地摊节日促销之间存在着深刻的联系，现代地摊经济可以从古代庙会中汲取灵感，创造出既有传统韵味，又符合现代消费需求的节庆促销活动。

在现代地摊节日促销中，地摊经营者可以将传统文化融入节日促销中，从而提升顾客的购物体验和文化参与感。

首先，地摊的装饰可以采用象征传统节日的元素，如中国结、灯笼、对联等，这些装饰品不仅能够营造出浓厚的节日氛围，还能够吸引顾客的目光。此外，地摊经营者可以利用现代技术和材料，对这些传统元素进行创新设计，使其更加符合现代审美，同时又不失传统文化的韵味。

其次，地摊经营者可以现场展示传统手工艺，如现场制作糖画、编织竹艺等，这不仅展示了传统手工艺的魅力，还能够增加顾客的互动体验。顾客的参与能增强他们对商品的兴趣，也让他们更加深入地了解了传统文化。

最后，地摊经营者还可以结合现代设计理念，开发与节日相关的创新商品。例如，在中秋节推出带有现代设计元素的月饼礼盒，或者在春节推出符合现代审美的春联和窗花。这些商品既具有传统文化的内涵，又符合现代消费者的审美和需求。

如此一来，现代地摊节日促销不仅能为顾客提供独特的购物体验，还传承和弘扬了传统文化。传统元素的现代诠释，为地摊经济的发展提供了新的思路和可能。

春节前夕，老王的地摊成了这条街上最热闹的角落。"来来来，看看这些春联，都是我请来的书法家亲手写的，每一副都独一无二！"老王一边指着摊位上的春联，一边笑呵呵地介绍着，他的摊位前总是围满了人，大家都爱听他那爽朗的笑声，看他那忙碌的身影。

他的春联不仅字写得好，每一副都还带着一股子特殊的墨香，墨香中散发着珍贵的龙麝香和百年老松烟的味道，让人忍不住想多闻几下。

他的摊位上，还有各种让人眼花缭乱的小玩意儿。有手工编织的中国结，有色彩斑斓的灯笼，还有很多可爱的春节小挂件。每一样东西都透着一股子浓浓的年味儿，看了就让人心生欢喜。老王更是独具匠心，用手机记录下摊位的热闹场景，分享到微信朋友圈和抖音，随即收获点赞无数，评论连连。

他的分享还吸引了众多粉丝慕名而来，渴望一睹这位网红摊主的风采。顾客们打趣道："老王，你这摊位成网红打卡地了！"老王笑得合不拢嘴。他的这份真诚和热情，让顾客们也愿意把这份好感觉分享给更多的人。

现代地摊节日营销不仅传承了古代庙会的文化精神，还能够结合现代市场需求，创造出具有吸引力的节庆经济活动。这种融合传统与现代的经营智慧，将有助于地摊经济的长期发展和文化传承。

第七章

传统商贾精神的现代启示

义利兼顾，是商业发展的永恒主题。在历史的长河中，古代商道的智慧与现代商业伦理交织，铸就了企业成功的核心理念。

持续创新：找到自己的优势

● ● ●

在商海沉浮，唯有创新不息，方能立足潮头。让我们穿越时空，汲取古代商业巨擘的智慧，点亮现代地摊经济的创新之光。

案例故事一

西汉时期有一位冶铁巨商叫卓王孙，他的商业成功不仅源于精明的商业策略，更在于对细节的极致追求和对创新的不懈探索。

在当时，卓王孙的铁器作坊是最为先进的冶铁中心，他从各地搜集来优质的铁矿石，经过精心挑选和处理，确保了原料的上乘品质。

在冶炼过程中，卓王孙引入了新的鼓风技术，使炉火更加旺盛，铁水的温度更高，从而大大提升了铁器的纯度和硬度。这一技术创新，使得卓王孙的铁器在市场上独树一帜，广受好评。

卓王孙的工匠们不仅有着精湛的技艺，更具有独到的艺术眼光。在他们的巧手下，一件件铁器仿佛被赋予了生命，既实用又美观。无论是农具、厨具还是日常用品，每一件铁器都经过精心设计，力求在满足实用性的同时，也能给使用者带来美的享受。这种对细节的极致追求，体现了卓王孙对品质的严格要求。

在原料采购上，卓王孙也有着独到的见解。他不满足于传统的多层级原料采购模式，而是派遣信任的使者远赴矿山，与矿主直接洽谈，签订长期供应合同。这样省去了所有中间商环节，大幅度降低了原料成本。这一创新的采购模式，不仅降低了成本，也保证了原料的稳定供应，为卓王孙的铁器作坊提供了强有力的支撑。

在生产过程中，卓王孙实行了一套严格的质量管理体系。每一件铁器在出厂前都要经过多道检验程序，任何不合格的产品都会被退回重做。这种对质量的严格要求，虽然初期增加了成本，但长期来看却减少了返工和退货，提高了整体的生产效率。卓王孙的铁器因卓越的品质和合理的价格，成为市场上的抢手货，深受百姓的喜爱。

卓王孙的成功，还在于他持续的创新探索。他不断引入新技术，改进生产工艺，提高产品质量，降低成本，以适应市场的变化和竞争。卓王孙的故事是一部商业传奇，更是一部创新探索的史诗。

无论是技术创新，还是成本控制，都是提升市场竞争力的重要手段。通过对产品质量的不懈追求，对细节的极致关注，以及对创新的持续探索，地摊经营者可以在激烈的市场竞争中，找到自己的优势，实现商业的成功和繁荣。

案例故事二

端木赐，字子贡，春秋时期鲁国人，是孔子的杰出弟子之一。

《论语·先进》中记载孔子评子贡："赐不受命而货殖焉，亿则屡中。"赞其洞察市场行情，预测屡屡成功，显示了子贡非凡的商业才智。

子贡游走于诸国之间，敏锐地察觉到各国贵族对奢侈品有极大需求，尤其对珠宝饰品十分偏爱。基于这一观察，他深入原料产地以合理的价格收购珠宝原料，将其加工成精美的饰品，再以较高的售价销往六国，满足了贵族们的需求，从而获得了利润。

子贡的商业智慧，体现在他有独到的市场洞察力，他能够洞悉市场趋势，预见消费者需求，甚至在经济波动中发现被忽视的商机。他不仅观察表面现象，还能深入分析市场背后的供需关系、价格波动、消费者心理以及文化趋势。

他的经历告诉我们，商业智慧离不开深挖自身潜力，发挥个人所长，在激烈的市场竞争中独树一帜。在今天这个充满变数的商业世界里，我们更应汲取子贡的经验，敏锐洞察，巧妙布局，以己之长赢市场之胜。

案例故事三

在夏朝那个以农业为主的社会，牛羊不仅是重要的劳动力，也是财富的象征。被后世尊称为"商业之祖"的王亥，他发现不同地区对牛羊的品种、体形、毛色等特征有不同的偏好，以及对牛羊肉、奶制品等的需求也有所区别，这为他提供了商机。

他开始在各地收购牛羊，然后长途贩运至需求旺盛的地区，但是他经常要穿越崎岖的山路，跨越广阔的草原，面对多变的天气。在一次长途贩运中，王亥的商队遭遇了一场突如其来的暴雨。山路变得泥泞难行，牛羊也受到了惊吓。但王亥并没有慌乱，他迅速指挥商队寻找避雨的地方，并安抚牛羊。在雨停后，他又带领商队继续前行，最终安全抵达了目的地。

王亥在与各地商人的贸易谈判中，也表现了卓越的交涉能力。有一次，王亥与一位中原地区的商人谈判。这位商人对王亥的牛羊赞不绝口，但对价格有些异议。王亥并没有急于反驳，而是耐心地向对方解释，他的牛羊品种优良，饲养得当，肉质鲜美，远胜于市场上的其他牛羊。他甚至提出，可以让商人先带几只回去试卖，如果销量不好，他愿意降价。这位商人被王亥的诚意和自信打动，最终接受了王亥的报价。

王亥的诚信和智慧，不仅赢得了各地商人的尊重和信任，更因此被誉为"商业之祖"，其故事成为商业精神的典范。这证明了，无论古今，善于利用地域特色和资源优势，进行有针对性的商品交易，是商业成功的不二法门。现代地摊经营者，若能深刻领会并运用这一策略，通过不断学习和实践，便能在激烈的市场竞争中精准定位，发挥自身资源优势，实现可持续发展和繁荣。

在商业的无垠海域，持续创新是航船的罗盘，精准定位则是扬帆的策略。古代商贾与现代地摊创业者，皆须凭借创新智慧和市场洞察，驾驭商海，发现自身优势，以稳健之姿，驶向繁荣的彼岸。

义利兼顾：兼顾利润与社会价值

● ● ●

　　义利兼顾，是商业发展的永恒主题。在历史的长河中，古代商道的智慧与现代商业伦理交织，铸就了企业成功的核心理念。从诚信立业到仁爱待人，再到义利平衡，这些原则不仅是商业行为的道德规范，也是企业赢得市场尊重的基石。

　　古代商道深植于中国传统文化的沃土之中，其核心原则在儒家思想的熏陶下得以形成和发展。这些原则是商业行为的道德规范，也是商业成功的重要基石。在古代，商人将"诚信"视为立业之本，认为只有诚实守信，才能赢得顾客的信赖和市场的尊重。他们坚持"仁爱"的原则，关心员工的福祉，注重与顾客建立长期和谐的关系。而"义利兼顾"也体现了古代商人追求利润时兼顾道德与社会价值的追求，力求在利益与道德之间找到平衡点。

　　现代商业伦理的核心挑战之一，是如何在追求利润最大化的同时，兼顾社会责任和环境保护。企业不仅要追求经济效益，还要肩负社会责任，关心我们生存的环境，减少环境污染，提高资源利用效率，保持经济和环境的可持续发展。此外，现代商业伦理还强调公平竞争，这就要求企业遵守市场规则，避免不正当竞争，确保市场的公正。

通过积极履行社会责任，不仅可以提升企业的品牌形象，还能赢得更多的消费者的信赖，吸引更多投资者，从而在市场中占得优势。同时，通过加强透明度和公平竞争，企业可以建立起更加健康和可持续发展的商业环境，为长期稳定的发展奠定良好的基础。

在传统与现代的对话中，古代商道的智慧与现代商业伦理的理念相互碰撞与融合，为我们提供了一幅商业运作核心的深刻图景。古代商道强调的"诚信""仁爱"和"义利兼顾"等原则，与现代商业伦理中的透明度、公平竞争和保护消费者权益等观念不谋而合，展现了商业道德跨越时代的共通性。

这不仅是对过去的回顾，更是对未来商业实践的指导。现代企业可以从古代商道中汲取灵感，如通过诚信经营建立品牌信誉，通过仁爱关怀赢得顾客忠诚，通过义利兼顾的原则，实现企业与社会的双赢，通过创新与合作应对挑战，实现可持续发展。

通过传统与现代的对话，我们可以更加深刻地认识到，商业行为不仅是相互交易和获取利润，也蕴藏着文化、道德和社会责任。在这一过程中，企业不仅要追求经济效益，更要成为社会进步的推进者，为构建和谐社会贡献自己的一份力量。

地摊经济作为一种贴近民生的商业形式，经营者同样也在亲身践行着这些传统的智慧和现代的原则，积极承担起自己的社会责任，以下是常见的几个具体的实践方式：

环保意识：地摊经营者积极响应国家的可持续发展战略来指导自身业务经营，如使用环保材料的包装、减少一次性用品的使用，以及推广循环利用的理念。

社区参与：地摊经营者积极参与社区活动，为社区居民提供力所能及的服务，满足他们日常生活中衣食住行中的某一项需求，用自己的实际行动支持社区发展，支持本地经济。

教育推广：地摊经营者通过销售有益于健康的食品，或者在自己的平台进行公益宣传，提高公众对某些社会问题的认识，如健康饮食、环保生活等。

公平贸易：地摊经营者优先销售那些经过公平贸易认证的产品，如公平贸易咖啡或有机农产品。这些商品在生产过程中确保了农民和生产者的权益，是对生产者劳动的尊重和对社会公平的承诺。

消费者权益：地摊经营者注重商品的质量和安全，提供准确的商品信息，确保消费者的知情权和选择权，建立起顾客的信任，保护了消费者的利益。

紧急援助：地摊经营者在面对自然灾害等紧急情况时，提供救援物资或加入救灾队伍，为受灾地区提供帮助，展现社会责任感和对公共福祉的关心。

地摊经营者在追求经济利益的同时，也在积极履行社会责任。这种现代地摊经济的社会责任实践，不仅提升了地摊的品牌形象，也促进了社会的可持续发展。

古代商道的智慧，在当今依旧发光发热。现代商业巨头们将这些传统原则融入自己的经营哲学，他们的故事为地摊经济乃至各种规模的企业经营提供了深刻启示。

一、Ben & Jerry's的可持续品牌之道

当代企业中，Ben & Jerry's冰激凌是一个将社会责任融入品牌运营的典范，其商业模式体现了对环境、社会和经济三重底线的重视。

Ben & Jerry's坚持使用公平贸易认证的原料，支持小规模奶农，确保他们获得公平的收入和工作条件。此外，该公司还致力于减少碳足迹，通过使用可再生能源和减少包装材料来实现环境的可持续性。

地摊经营者可以从Ben & Jerry's的社会责任实践中获得启示，通过以下方式履行社会责任：

1. 选择可持续的供应链：优先选择那些对环境和社会负责的供应商。

2. 提供环保商品：销售可回收或生物降解的商品，减少对环境的影响。

3. 社区参与：积极参与或组织社区活动，如清洁行动或公益讲座，增强社区凝聚力。

4. 教育推广：通过商品或服务传递环保和社会责任的信息，提升公众意识。

Ben & Jerry's 的案例展示了企业如何通过社会责任实践来增强品牌价值和消费者忠诚度，同时为社会带来积极的变化。地摊经营者通过模仿这种模式，不仅能够吸引更多注重价值观的顾客，也能够为社会的可持续发展做出贡献。

二、宜家的可持续商业模式

作为全球最大的家具零售商，宜家的商业模式体现了古代商道中的"仁爱"和现代商业伦理中的社会责任。宜家以其环保、经济实惠的家具解决方案而闻名，致力于为客户提供既美观又实用的家居产品。

宜家的产品设计理念强调可持续性，它使用可再生或可回收材料，减少生产过程中的能源消耗和废物产生。此外，宜家还通过平板包装的方式，减少运输过程中的碳排放，还为顾客提供了便捷的自组装体验。地摊经营者可以借鉴宜家自组装的理念，提供顾客参与感强的 DIY 体验。例如，出售创意便携手提袋，顾客可现场选择样式、颜色，甚至亲手添加个性化装饰，既增加了购物乐趣，又践行了环保和可持续消费理念。这种互动性强的购物模式，为顾客带来了新颖的体验，同时也为地摊经济增添了创意与活力。

总之，无论是 Ben & Jerry's 还是宜家，其可持续发展的模式，都积极地将社会责任融入了自身的经营思路和发展方向中。

在新时代的浪潮中，地摊经济以其独特的生命力，诠释了义利兼顾的现代意义。通过环保意识、社区参与和公平贸易，地摊经营者们展现了社会责任的担当，同时也为自身发展注入了新的动力。让我们携手前行，在追求利润的同时不忘回馈社会，共同创造一个和谐、可持续发展的商业未来。

哲学思考：地摊经营的现代化

● ● ●

地摊经营哲学是地摊经营者这一群体在长期经营实践中形成的独特文化与价值观。地摊经营不仅是一种生存方式，更是一种生活态度和哲学思考的反映。

地摊经营者的经营哲学是在不断的实践中逐步形成的。它基于个人价值观，反映了经营者对商业行为的深层次理解和对社会责任的认知。这种哲学不仅指导着他们如何做生意，更影响着他们如何看待自己与社会的关系。

在地摊这个小舞台上，经营者们展现了大智慧。他们的经营哲学不仅是对个人价值的坚守，也是对社会责任的承担。通过地摊这个窗口，我们可以窥见现代商业社会的多样性与活力，以及个体经营者在其中扮演的重要角色。地摊精神和经营哲学的内涵，为所有创业者提供了宝贵的启示，也为商业世界增添了一抹温暖与希望。

一、诚信和创新

在地摊经济中，诚信是经营哲学的基石。地摊经营者通过提供真实的商品信息和公正的交易环境，建立起顾客的信任。他们深知，只有赢得了顾客的心，才能在竞争中立于不败之地。此外，地摊经营者也强调公平竞争和合作共赢，他们尊重同行，愿意分享经验，共同提升整个市场的活力。

地摊经营者的经营哲学还包括对创新的重视。他们不断寻求新的经营方法，从社交媒体营销到顾客体验优化，无不体现了他们对创新的追求。他们认识到，只有不断创新，才能适应市场的变化，满足顾客的需求。

二、顾客关系管理和价值创造

在地摊经济中，顾客关系管理和价值创造是两个核心议题。地摊经营者通过深化顾客关系和多维度价值创造，不仅增强了顾客忠诚度，也为自身的可持续发展奠定了坚实基础。

顾客关系深化的关键在于建立信任和情感联系。地摊经营者通过提供一致的服务质量、个性化的购物体验和有效的沟通渠道，与顾客建立起超越交易的关系。他们认识到，每一位顾客都是品牌故事的传播者，其口碑效应对于吸引新顾客和维护老顾客至关重要。

地摊经营者在价值创造上采取了多维度的策略，以满足顾客的多元化需求。他们不仅关注产品的物质价值，还重视产品的情感价值、体验价值和社会价值。

在物质价值方面，地摊经营者通过精选商品、保证质量和合理定价，确保顾客获得高性价比的购物体验。在情感价值方面，他们通过品牌故事的讲述和顾客互动的深化，建立情感纽带，使顾客感受到品牌的真诚和关怀。在体验价值方面，地摊经营者不断创新购物流程，如提供便捷的线上预订、快速的自提服务和个性化的定制选项，提升顾客的购物体验。社会价值的创造则体现在地摊经营者对社会责任的承担上。他们通过推广环保产品、支持公平贸易和参与社区服务，展现品牌的正面形象，吸引具有社会责任感的顾客群体。

通过这些多维度的价值创造，地摊经营者不仅吸引了顾客，更保留了顾客，实现了品牌与顾客之间的共赢。

在地摊的运营过程中，顾客关系管理与价值创造是推动其持续成长的重要动力。地摊经营者通过不断深化顾客关系和多维度价值创造，为长远发展打下了坚实的基础。

三、领导力和团队动力

在地摊经济中，领导力和团队动力对于经营成功也至关重要。地摊经营者虽可能面临团队规模较小的挑战，但通过有效的领导和团队建设，依然能够激发团队的潜力，提升整体的运营效率。

地摊经营者的领导力体现在对业务的热情、对团队成员的关怀以及激励上。一方面，在地摊经营中，领导者需要具备快速决策的能力，以应对市场的瞬息万变。同时，领导者还需展现出对新机遇的敏感度，引导团队把握时机，开拓新的销售渠道或推出新产品。领导力的另一个重要方面是激励团队成员。他们通过个人魅力和专业知识，赢得团队的信任和尊敬。地摊经营者通过认可每位成员的贡献、提供成长机会和营造积极的工作环境，激发团队的积极性和忠诚度。这种以人为本的领导方式，有助于建立起一个稳定、高效的团队。

团队动力的培养对于地摊经营至关重要。地摊经营者通过明确的目标设定和角色分配，确保团队成员清楚自己的职责和期望。在地摊这样快节奏和高互动的环境中，团队成员之间的有效沟通和协作尤为关键。经营者通过定期的团队会议和集体活动，增强团队的凝聚力和协作精神。

此外，地摊经营者还需培养团队的适应性和创新能力。他们鼓励团队成员提出创新的营销策略，如利用社交媒体进行宣传，或是推出吸引顾客的促销活动。通过集思广益，地摊经营者能够不断优化经营策略，提高市场竞争力。

在团队动力的培养中，经营者应还注重团队成员的个人成长。他们提供培训机会，帮助团队成员提升销售技巧和服务水平。这种对个人发展的投资，不仅提升了团队的整体能力，也增强了成员对团队的归属感。

总结而言，领导力和团队动力是地摊经营中不可或缺的元素。地摊经营者通过展现卓越的领导力和培养高效的团队，能够提升地摊的运营效率和市场竞争力，实现长期的稳定发展。

四、决策智慧和风险控制

在地摊经济的运营中，决策智慧和风险控制是确保经营成功和可持续发展的两大支柱。地摊经营者在这一过程中扮演着至关重要的角色。

地摊经营者在面临关键决策时，往往需要运用哲学思考来指导行动。这种哲学思考不仅涉及对市场环境的深刻理解，还包括对经营目标和价值取向的清晰定位。在决策过程中，经营者会考虑如何平衡短期利益与长期发展，如何在激烈的市场竞争中保持自身的特色和优势。

决策智慧还体现在对顾客需求的深入洞察和对市场趋势的敏锐把握上。地摊经营者通过不断学习和适应，形成一套自己的决策智慧，这成为他们在复杂多变的市场环境中做出明智决策的基础。例如，面对商品选择的决策，经营者可能会基于对顾客偏好的哲学理解，选择那些既能满足即时需求又能引领未来趋势的商品。

风险管理是地摊经营者保护商业成果的重要策略。在地摊经济中，风险可能来自多个方面，包括市场波动、供应链中断、政策变化等。经营者通过建立有效的风险管理体系，对潜在风险进行识别、评估和应对。

一方面，在实际操作中，地摊经营者应采取多种策略来控制风险。例如，通过多渠道采购，降低对单一供应商的依赖；通过灵活调整价格和促销策略，应对市场波动；通过建立紧急应变机制，准备应对突发事件。此外，地摊经营者还注重与顾客建立良好的关系，提高顾客满意度和忠诚度，从而在一定程度上降低市场风险。

风险管理的另一个重要方面是财务风险控制。地摊经营者通过严格的财务管理，确保资金的合理流动和使用。他们可能会设立应急基金，以应对可能的财务危机；通过定期的财务审查，及时发现和解决财务问题。

总结而言，决策智慧和风险控制是地摊经营者在激烈的市场竞争中保持优势的关键。通过哲学思考指导决策，通过有效的风险管理保护成果，地摊经营者能够在复杂多变的市场环境中稳健前行，实现长期的成功和繁荣。

新时代、新机遇和新尝试

● ● ●

地摊经济之所以充满活力，很大程度上是因为经营者的创新精神和对商机的敏感捕捉。他们不断尝试新的经营策略，如引入独特的商品、采用创意的营销手段，以及提供个性化的服务，从而探索出多元化的盈利模式，为商业成功开辟了新的道路。

一、创意的营销手段

地摊经营者在捕捉市场机遇时，可以采用一些创新的策略，这些策略可以提升他们的市场竞争力并增加销售机会。

首先，地摊经营者可以利用数字化工具来优化他们的经营流程。通过在线平台和移动应用，他们能够更有效地展示商品、管理库存、处理支付、与顾客沟通。同时，通过分析顾客数据，可以更精准地捕捉到顾客需求和行为模式，从而做出更有针对性的经营决策。

社交媒体的影响力也不容忽视，地摊经营者可以通过创建有吸引力的内容和与粉丝互动来建立品牌忠诚度，并通过这些平台快速传播产品信息，吸引更多顾客。

移动支付技术的普及，如支付宝、微信支付等，让顾客能够轻松快捷地完成交易，无须携带现金。这种支付方式不仅提高了支付的安全性，也加快了交易速度，减少了排队时间，提升了顾客的满意度。

利用好在线预订系统也是一种新的销售渠道，顾客可以通过网站或移动应用提前预订商品或服务，这样地摊经营者可以提前准备，确保有足够的库存满足顾客需求。同时，这也有助于地摊经营者更好地预测销售趋势，优化库存管理。

现代技术的应用极大地拓宽了地摊经营的可能性，为这一传统商业模式注入了新的活力。地摊经营者利用移动支付、在线预订系统、数据分析工具等现代技术，不仅提升了交易的便捷性和效率，还优化了库存管理和顾客关系维护。通过这些技术的有效应用，地摊经营者能够在激烈的市场竞争中占据一席之地，实现可持续发展。

其次，随着消费者对环保和可持续性的关注增加，地摊经营者可以引入环保或可持续产品来吸引市场细分。这不仅可以满足市场需求，还能提升他们的品牌形象。

再次，体验式营销是另一个值得考虑的方向，地摊经营者可以通过设置互动展示、现场演示或工作坊，为顾客提供独特的购物体验，增加顾客的参与感和满意度。社区参与也是提升地摊经营者市场曝光度和顾客忠诚度的有效途径，通过参与社区活动和慈善事业，建立良好的社区关系，提高社会责任感。

接着，地摊经营者可以采用多渠道销售策略，利用在线市场、移动应用和社交媒体等渠道扩大销售，触及更广泛的顾客群体。或者根据顾客的喜好定制商品，或者提供个性化的购物建议，以满足顾客的特定需求。

然后，跨界合作可以带来新的市场机会，地摊经营者可以与其他行业的企业合作，共同开发新的产品或服务，创造独特的顾客价值。不要忽视现代技术的应用，可以利用最新的科技，如增强现实（AR）、虚拟现实（VR）或人工智能（AI），通过这些技术，地摊经营者可以为顾客提供沉浸式的购物体验，增加顾客的参与感和购买欲望。

最后，地摊经营者可以深入研究不同文化和亚文化的趋势，预测和捕捉新兴市场的机会，在竞争激烈的市场中找到自己的独特定位。

二、个性化的服务

地摊经营者通过提供个性化服务来满足顾客的特定需求，以此提升顾客的满意度和忠诚度。

首先，他们利用顾客反馈来定制商品，如根据顾客对特定风格或设计的兴趣，调整或设计新的商品，以此吸引顾客并增强品牌认同感。

其次，个性化的包装服务也是提升顾客体验的有效手段。地摊经营者为顾客提供不同风格的包装选项，无论是节日礼物还是日常小礼物，都能为顾客的购物体验增添额外的价值。

再次，地摊经营者通过了解顾客的喜好和需求，提供个性化的购物建议，帮助顾客做出更满意的购买决策。他们还可以利用社交媒体和在线平台与顾客进行直接沟通，收集反馈和建议，从而提供更加个性化的服务。

最后，在售后服务方面，地摊经营者可以提供定制化的退换货政策，以及在顾客购买后提供额外的关怀和支持，如定期的回访和优惠信息，进一步增强顾客忠诚度。

通过这些个性化的服务，地摊经营者能够在顾客心中树立起积极的形象。这种以顾客为中心的服务理念，对于地摊经营者在市场竞争中取得成功至关重要。

三、可持续发展的经营模式

地摊经营者在追求商业成功的同时，也在积极探索可持续发展的经营模式。他们意识到，可持续发展不仅关乎环境保护和社会福祉，也是未来商业竞争力的关键。

在商品的选择上，地摊经营者倾向于采用环保材料，减少对环境的影响。例如，他们可能会选择使用可回收或可降解材料制成的商品，以减少塑料等不可降解材料的使用。这样的选择不仅有助于减少废物产生，也能满足越来越多消费者对环保产品的需求。

地摊经营者在追求经济效益的同时，也承担起环境保护的责任。他们通过选用节能型照明设备，显著降低了摊位的电力消耗。这种节能措施不仅减少了能源消耗，也有助于减轻电网负担，实现经济效益与环境保护的双重目标。

更具创新精神的地摊经营者，甚至采用太阳能板等可再生能源技术，为摊位提供清洁、可持续的电力。太阳能板的使用减少了对化石燃料的依赖，降低了温室气体排放量，对环境产生积极影响。同时，太阳能作为一种长期稳定的能源，能够为地摊经营者节省大量电力成本，提高经营的可持续性。

地摊经营者也可以尝试新的环保经营法。比如，他们可能会回收旧商品，修好再卖，或者让顾客把用不上的东西捐出来。这样既减少了垃圾，又能让资源循环起来。顾客越来越倾向于选择那些具有社会责任感的商家，因此，地摊经营者的环保行动不仅对社会有益，也为他们的商业成功带来了正面影响。

这种对可持续发展的探索，不仅体现了地摊经营者的社会责任感，也是他们在未来市场竞争中获得优势的重要途径。

四、品牌故事的打造

品牌故事的打造也是一种独特的优势，故事往往蕴含着个人的情感和经历，能够与顾客产生共鸣，加深顾客对品牌的记忆和好感。

品牌故事的打造通常始于地摊经营者的创业历程。他们可能会讲述自己是如何从一个小摊位开始，通过不懈的努力和坚持，逐渐发展壮大的。再延伸到产品，这也是品牌故事的重要组成部分。地摊经营者要强调自己商品的特别之处，如采用的原料、设计的理念、制作的工艺等，让顾客了解到商品背后的价值和意义。这种对产品细节的关注，能够提升顾客对商品的认可度和忠诚度。

此外，地摊经营者通过讲述与顾客之间的真实故事，能够深化顾客对品牌的情感联结。这些故事往往具有独特性，能够展现出地摊文化的独特魅力。例如，一位顾客因为购买了一件手工艺品回去，不仅装饰了她的家，也让她对绘画产生了兴趣。或者，一位回头客找到了一份很特别的礼物，送给了他的朋友，成为他传递友谊的纽带。

地摊经营者还可以在社交媒体上发布故事视频，或者在摊位上设置一个"故事角"，甚至可以在商品标签上附上小故事卡片，用图文并茂的方式展示这些真实的故事。

这些故事的分享，不仅为顾客提供了超越交易的情感体验，也让地摊经营者的形象更加立体和亲切。这种以故事为纽带的经营策略，为地摊经济增添了更多的人文色彩，也成为地摊经营者在激烈的市场竞争中脱颖而出的法宝。

地摊经营者还会通过参与社会活动和公益事业，来丰富品牌故事的内涵。他们会讲述自己是如何通过经营活动，为社会做出贡献的。通过精心打造品牌故事，地摊经营者能够在顾客心中建立起独特的品牌形象，提升品牌的知名度和影响力。

五、合作与联盟

在当今商业环境中，合作与联盟已成为企业增强市场竞争力、拓宽经营视野的重要策略。对于地摊经营者而言，这种合作不仅仅是一种经营手段，更是一种智慧的体现。通过建立合作与联盟，地摊经营者们能够在激烈的市场竞争中找到新的生长点，实现资源共享和互利共赢。

这种合作不仅限于同行业的地摊经营者，也可能包括不同领域的商家，共同探索更广阔的市场空间。

首先，合作的一个常见形式是联合举办市场活动。通过与其他地摊经营者合作，可以共同吸引更多的顾客流量，提高活动的吸引力和影响力。例如，不同地摊经营者可以联合推出主题市集，每个摊位提供互补的商品或服务，共同创造一个丰富多彩的购物体验。

其次，地摊经营者还可以通过合作采购来降低成本。通过集体采购，地摊经营者能够以更低的价格获取商品，从而提高利润空间。这种合作不仅有助于降低单个经营者的成本，还能提高整个供应链的效率。

最后，合作还可能涉及共享资源，如共享仓库空间、运输工具或其他设施。这种资源共享可以减少每个经营者的运营成本，同时提高资源的利用效率。地摊经营者之间的合作还可以扩展到信息和知识的交流。通过定期的交流会或工作坊，地摊经营者可以分享经营经验、市场趋势和创新点子，相互学习，共同进步。

地摊经营者还可以通过与其他商家的联盟，实现资源共享和优势互补。比如，地摊经营者可以与附近的餐馆合作，为顾客提供一站式的购物与餐饮服务。这种跨领域的合作，不仅能够为顾客带来更加便捷的消费体验，也能够为地摊经营者带来更多的客流和商机。

在合作与联盟的过程中，地摊经营者需要不断地沟通、协调和创新，以确保合作的顺利进行和双方的共赢。通过建立稳固的合作关系，地摊经营者可以降低运营风险，提高经营效率，实现长期的可持续发展。同时，这种合作精神也能够为地摊经济注入更多的活力和创新，推动整个行业的繁荣与发展。

通过建立合作关系和联盟，地摊经营者不仅能够实现资源共享和成本降低，还能够通过集体的力量提高市场影响力和竞争力，在商业世界中取得更大的成就。

结语

　　本书将传统的商业哲学与现代地摊经营巧妙地连接起来，不仅是对地摊经营智慧的一次系统梳理，更是对传统文化精髓的一次深情致敬，让我们在快节奏的现代生活中触摸到历史的温度，感受到文化的力量。

　　地摊，这一古老的商业形态，承载着丰富的传统文化内涵。地摊不仅是商品交易的场所，更是民间艺术、手工艺品等非物质文化遗产的展示窗口。书中深入探讨了传统文化中的经营智慧在现代地摊经济中的传承与创新，以及它对现代商业实践的深远影响。

　　从古代丝绸之路的贸易往来，到宋代草市的繁荣景象，再到明清时期商帮的兴起，传统文化中蕴含的商业思想和经营策略，为现代地摊经营者提供了宝贵的参考和启示。

　　书中不仅讲述了古代商人如何运用"以义取利""和气生财"等

传统商业道德，建立起良好的商业信誉和社会形象，还展示了他们如何通过精湛的手工艺、独特的地方特产满足市场需求、推动经济发展。这些传统文化的精髓，对现代地摊经济仍然具有重要的指导意义。而书中引用的一系列生动的案例，也很好地说明传统文化并非僵化不变而是可以在创新中不断发展、在发展中不断传承。

在此，我们再次强调传统文化是连接过去与未来的纽带。只有深刻理解传统文化的内涵，才能在现代商业实践中发挥其独特的价值。我们期待每一位地摊经营者都能够从传统文化中汲取智慧，将古老的商业哲学与现代经济相结合，创造出地摊经济新模式。

当今地摊经营者在追求经济利益的同时，也在积极履行社会责任。他们通过环保意识、社区参与、教育推广、公平贸易和消费者权益保护等实践，展现了地摊经济的社会责任实践，提升了品牌形象，促进了社会和谐。

在这本书的结尾，我想对每一位读者说：无论你是刚刚踏上创业之路的新手，还是已经在路上的老将，都请不要忘记，创业是一场马拉松，而非短跑。它需要的不仅是速度，更是耐力和智慧。

在未来的日子里，地摊经济或许会以更加多元和创新的形式出现。但无论形式如何变化，它服务于民的核心价值都将继续发挥其重要作用。我们期待，每一位地摊经营者都能够在这本书的启发下，找到属于自己的经营之道，开创自己的商业传奇。

最后，再次感谢所有地摊经营者，感谢他们的智慧和勇气，感谢他们的坚持和创新。他们的故事将激励着更多人去追逐梦想，去创造属于自己的精彩人生。

愿本书成为你创业路上的良师益友，伴随你走过每一个春夏秋冬，见证你的每一次成长与变化。让我们一起用勤奋的双手、智慧的头脑、诚信的心灵，去创造一个更加美好的明天。